끝없는 생각들

금기웅 시집

시인의 말

시여
나는 지금
이 비루한 기억의 기차역 뒷골목
하꼬방에 앉아
언제까지라도 너를 기다릴 것이다
너를 되끌고 오는 손길이 아무리 느리더라도
나는 지금
무작정 기다릴 것이다
눈물 나도록 그리운 것들이여
언제까지라도 너를 기다릴 것이다

2014년 겨울
금기웅

차 례

● 시인의 말

제1부

새벽 산 정상에 ——— 10
그는 잿빛 털가죽을 ——— 12
그리운 골목 ——— 14
듬성듬성 털 빠진 야생 고양이 ——— 16
새 ——— 18
처음에는 어린 아이 ——— 20
낡은 벙거지 눈썹 아래까지 ——— 22
한밤중 처량한 고함소리 ——— 24
바로 눈앞에서 ——— 26
전언傳言 ——— 27
잃어버린 빵 ——— 28
다리 심하게 절면서도 ——— 30
바닷가 벼랑 끝 ——— 32
물고기 떼처럼 바람이 ——— 34
등대 ——— 36

제2부

문득 언제인지 ─── 40
대형 상가 카페 귀퉁이에 ─── 42
누워 있다 벌떡 일어난 ─── 44
독한 얼룩 ─── 46
누더기 걸친 사내 옆에 ─── 48
청춘의 배낭끈은 ─── 50
장독대 모퉁이에서 ─── 52
이렇게 앉아 물 위를 ─── 54
목련 ─── 56
벚꽃 ─── 57
가게 앞길은 분주했다 ─── 58
아스팔트 패인 자리에 ─── 60
무덤 앞 붉은 왕 벚꽃나무 ─── 61
한 손으로 자전거 끌고 ─── 62
쌓인다 쌓여간다 ─── 64

제3부

어둠이 몰려오자 ──── 66
김춘수처럼 ──── 68
어미여우가 눈 푹푹 빠지는 ──── 71
가을 구름이 ──── 74
그믐달 1 ──── 75
그믐달 2 ──── 76
그믐달 3 ──── 77
입영열차 ──── 78
비가 양쪽 골짜기 가득 ──── 80
안내 방송하는 기관사처럼 ──── 82
새벽 컴컴한 지하역 ──── 84
동네교회 모퉁이 ──── 86
허름한 골목길 낡은 앰프 ──── 88
새 한 마리 물위에 ──── 90

제4부

늘 남들과 다른 쪽으로 —— 94
후두둑 비가 —— 96
망초 꽃들이 무리지어 —— 98
길을 간다 —— 99
폐수에 엎드려 있던 오후는 —— 102
캐빈하우스 탁자 위 —— 104
흔들린다 누군가 —— 106
두 손으로 조작 가능한 수단은 —— 107
다듬어진 황동, 스텐의 기억들이 —— 108
이미 정자에는 —— 110
길을 빠르게 돌아 —— 112
지퍼 떨어진 동전지갑을 —— 114
해바라기와 낫 독과 —— 116
열차 들어선다 —— 118
길가에 가득 쌓여 널브러져 있는 —— 120
하얀 기억들 —— 121

▨ 금기웅의 시세계 | 주영중 —— 122

제1부

새벽 산 정상에

새벽 산 정상에
오래 산 큰 나무가 웅크리고 앉아 울고 있다
나는 그가 양 어깨에 접어두었던 긴 날개를 꺼내
저 곤궁한 지상으로 날아 내리기 위해
오랫동안 울음을 참고 이곳을 지켜왔으리라 생각했다
마치 보호수처럼
처음과 마지막이 똑같이 완전해지기 위해,
서로 꼬리와 머리를 물고 휘감아
얼어붙은 이 먹먹한 세상에 뿌리내리기 위해,
또 온몸 기운을 마지막까지 짜내어
길어진 팔들을 뻗어
이제 막 온기 올라오는 황토의 중심에 닿기 위해
그가 웅크리고 앉아 운다고 생각했다

누군가에게 일방적으로 다가간다는 것은
상대방의 가슴에 비수를 꽂는 일인지도 모른다

그러기에 차마 가까이

다가서지 못하는 것이리라
오 큰 나무여
휘청거리는 결심을
지탱해 줄 것 같은 그대여
추운 아침 햇살 속에 눈 크게 뜨고
우뚝 서 있는 그대여
내 마음 통째로 너에게 기댄다
이제 막 온기 올라오는 우주의 중심에 닿기 위해

그는 잿빛 털가죽을

그는 잿빛 털가죽을 목에 칭칭 감아 두르고
차가운 콘크리트 바닥에 혼자 앉아 있었다
남에게 양보하지 않고
서로 아귀같이 먹어대는 회식 무리에 섞여 있다가
술이 오르자 혼자 빠져나와
지하도 입구로 막 내려서는 찰나였다

그는 내장이 텅 비도록 모두 비워낸 사내처럼
겨울 한복판 정면을 응시하며 움직이지 않았다

취기 때문인지 계단 아래쪽에서
더운 열기가 훅 올라왔다
잡초 무성한 풀밭이 떠올라오는 것 같았다
멀리서 북소리가 둥둥 울리는 것 같기도 하였다
따스한 강물 흘러가는 소리도
몽롱해진 기억의 아래쪽에서 희미하게 들려왔다

문득 그가

한 마리 늑대 같다는 생각이 들었다
바람이 비명 내지르며 달려드는 한밤중에
더 이상 아무것도 소유하지 않고
아무것도 내줄 것 없이 고개 하늘로 기일게 빼고
목 터지도록 애끓는 소리로 울부짖는 한 마리 늑대

도시 한복판 지하역 입구에도
낡은 잿빛 털가죽을 두른 떠나지 못한 늑대가 앉아 있다

그리운 골목

너를 기다리며 줄을 돌린다
나비야 나비야 줄을 넘어라
너를 기다리며 줄은 돌아가고
나비는 정신없이 뛰어오르다
뒤로 한 바퀴 돈다
한낮 골목의 적막은 좀처럼 깨지지 않는다
너를 기다리며 줄은 돌아가고
너를 기다리며 돌리는 줄은 멈춰지지 않는다
저만치 갔던 시간도 다시 돌아올 것이다
돌아오지 않는 것들은 그립다
너를 기다리며 돌리는 줄은
끊임없이 돌아서 온다
눈물 나도록 그리운 것들이여
나는 지금
이 비루한 기억의 기차역
뒷골목 하꼬방에 앉아
언제까지라도 너를 기다릴 것이다
너를 되 끌고 오는 손길이 아무리 늦더라도

나는 지금

무작정 너를 기다리며 기다릴 것이다

무개화차에 실려 떠났던

석탄들이여

모든 것을 팽개치고 달아난 세월이여

나는 이 기억의 기차역

뒷골목에 되돌아와

언제까지라도 너를 기다릴 것이다

너를 기다리며 줄을 돌린다

나비야 나비야 줄을 넘어라

듬성듬성 털 빠진 야생 고양이

듬성듬성 털 빠진 야생 고양이 한 마리 바위틈에서 기어 나온다 인적 없는 골짜기 혼자 올라간다 뒤따라가는 사내 마스크에서 새어 나온 입김이 고양이 등처럼 휘어졌다 햇볕 몇 줄기 나무숲 속 비집어 들기 위해 한참을 허공 더듬는다 점점 희뿌연해지는 안경알처럼 길은 갈수록 흐려진다

  비닐하우스 지붕 산막집 난로 위에 물은 끓고 있다
  김은 소리 내며 끓는다
  끓어서 고양이 등처럼 휘어져 새어 나오고 있다
  점점이 모여 작게 뭉쳐져 빠져나온다

  새어 나오는 것들은 작게 또 흔들린다
  작은 입구에서 이리저리 새어 나오는 것들은
  산후조리 잘못해 몸 아픈 아낙네가
  아이 들쳐 업고 보따리 이고
  비틀거리며 논두렁 걸어가는 것처럼
  빠져나오는 뒷모습이 아득히 흔들린다

김은 낡고 찌그러진 주전자에서 보글보글 빠져나오지만
저렇게 새어 나오기 위해 한참을 아프고 뜨거웠을 것이다
그 어떤 목숨들도 주전자에서 김이 새어 나오듯
뭉쳐져 빠져나왔을 것이다
아프게 새어 나와 식어지면
흔적 하나 남기지 않고 떠나온 우주로 다시 돌아가리라
산막집 난로 위에 김처럼 춤추듯 빠져나와
꿈꾸듯 다시 돌아가리라

새

물은 낮게 가라앉았으나 수량은 적지 않다
새들의 도래지 이 공간에
큰 새 한 마리 혼자 서 있다
나는 온기 도는 둔덕 밑 후미진 곳에 앉아
혼자 있는 그의 입장을 곰곰이 생각해 보았다
주변 어느 곳에도 다른 새는 보이지 않았다

그는 마치 남루한 배낭에
지폐 한 장 들어 있지 않은 가난한 구도자처럼
찬 호수를 이리저리 흔들어 깨워 보면서
무엇인가 찾으려는 것처럼 걸어 다녔다
좀 더 자세히 보려 가까이 다가가자
그는 어디론가 멀리 날아가 버렸다

자리에서 일어나 그를 찾아 떠났다
한참 걸어가니 그는 물 흐르는
하구 쪽 바위 위에 결연히 서 있다
가끔 머리를 들어 하늘을 쳐다보다가

다시 발아래를 쳐다보다가 하며 서 있다
그의 영지가 비록 춥고 쓸쓸해 보였으나
날아가 버리지 않고 서 있다

내가 어떤 것을 골똘히 생각하다가
해답을 찾지 못하고 이곳까지 왔으나
찾은 것은 낡고 헤진 배낭에 아무것도 채우지 않은
삶의 무게가 가벼워 보이는
큰 새의 쓸쓸한 이동궤적을 본 것이었다

처음에는 어린 아이

처음에는 어린 아이인 줄 알았다
큰 머리에 채양 긴 야구 모자
난쟁이 중년 남자가
한 손에 컵을 들고 아래쪽에서 조심스럽게 올라왔다
축대 밑에 주저앉은 노숙자에게
무엇인가 두 손으로 공손하게 건네주고 있었다

눈 가늘게 뜬 야구모자는 근심어린 표정으로
누더기 사내에게 뜨거운 양식을 바치고 있었던 것이다
추운 바람이 꼬리에 검은 비닐봉지 몇 개 매달고
이리저리 끌고 다니는 축대 아래서
제사 모시듯 그는 한 잔의 뜨거운 차를 바치고 있던 것이다

김은 세 방향으로 빠져나왔다
병든 노숙자와
어린아이 키만 한 사내
그리고 뜨건 잔에서도 조금씩 흘러나와 서로 뒤섞이며

얼어붙은 그곳을 잠시 녹여주고 있었다

사내는 말라붙은 신문지처럼 엎드려 있고
바람에 떠돌던 마른 나뭇잎들은
막 타오르는 모닥불에 끌려가듯 그쪽으로 하나씩 쓸려
갔다
구경꾼들도 목 움츠린 채
봉헌하기 위해 차례 기다리는 행렬처럼 모여들고 있었다

낡은 벙거지 눈썹 아래까지

낡은 벙거지 눈썹 아래까지 꾹 눌러쓰고
목에 하얀 이름표를 건 노인이
행인들에게 보온병 속 커피를 따라주고 있다
꽁꽁 얼은 몸에 한 모금 얻어 마시자
뜨거운 황홀이
배 아래쪽부터 여름날 논물처럼 몰려 올라왔다

희끗희끗한 머리를 목도리로 싸맨 그는
감사하다는 인사에 미소로만 응답했다
시간은 알 수 없는 어딘가에서 흘러와 걸어가다가
이제 낡은 외투만큼이나 칙칙해진 노인 얼굴에
검버섯 몇 점을 나눠주고는
길 위에 서서 잠시 기다려 주고 있었다
매섭게 춥던 그날
커피 한 잔이라도 모르는 이와 나눌 수 있는 그 비밀을
해독하려 아무리 노력해도 알아낼 수 없었다
충혈된 눈으로 종일 그래프를 들여다보며
순간들을 보냈던 나는 아예 처음부터 알 수 없었다

저 아래쪽 세계에서는 막 전쟁이 끝나고
이제 또 새로이 시작되고 있다
모두 끝없이 돌고 돌아가지만
오늘 마신 뜨거운 황홀 한 잔은
어쩌면 다시 맛보지 못할 지도 모른다

초등학교 입학식 날 운동장에서 부들부들 떨며
가슴에 달고 있던 하얀 이름표처럼
오늘 아침 황홀을 따라주던 노인은 사라지더라도
그의 희망을 적은 새 이름표는
다시 어느 길가에서 만나게 되리라고 생각해 보는 것
이다

한밤중 처량한 고함소리

　한밤중 처량한 고함소리 침묵 든 골목 사이를 뚫고 허공 속으로 흩어진다

　팔리지 않는다 팔리지 않았다는 증거는 아이의 외치는 소리가 중단되지 않았기 때문, 자동테이프처럼 "찹쌀떡"이라고 기일게 외쳐대는 말은 투쟁구호처럼 쓰다
　귀퉁이 떨어진 어른 국방색 벙거지를 눈 아래까지 꾹 눌러썼다 동생이 찼던 귀저기천을 끈으로 말아 어머니가 내 작은 어깨에 메준 상자를 훈장처럼 안고 나갔다 찹쌀떡과 복 엿 담은 종이박스를!

　눈 가득 쌓인 한밤의 골목길은 끝이 보이지 않았다
　쉽게 되돌아 나올 수도 없었다
　아무도 불러주지 않았기 때문에
　캄캄한 허공에 대고 목이 쉬도록 고함만 쳤을 뿐

　누군가가 눈 쌓인 희뿌연한 창문 여는 소리
　벙거지 쓴 두 귀 긁어대는 기관차 레일음 같다

백열등 알전구처럼
골목길을 내려다보는 눈, 눈들

허공에는 커다란 푸른 눈알 하나
이쪽 물끄러미 내려다보며 웃고 있다

바로 눈앞에서

바로 눈앞에서
매미 하나 울고 있는데 잡을 수 없다
오랜만에 나타나 서럽게 통곡하는데 잡지 못했다
아마 이번 생에 몇 번이나 조우했는지
어쩌면 스쳐 지나친 적 있을지도 모르지
눈앞에서 울며
깜깜한 밤중에 누구를 찾는다고 말하고 있다

그의 희망이었던가
어둔 지하에서 오래 꿈꾸던 세상
오늘 덮여 있던 덮개를 박차고 기어올라
고목 끝에 붙어 저렇게 울고 있다
자기가 꿈꾸던 세계는 아니라고

더 걸어야 한다
지치고 탈진해 쓰러지더라도 더 걸어야 한다

전언傳言

함께 없는 누군가를 생각한다는 것은 조금 쓸쓸한 일이다
오피스텔을 기웃거리며 지나가는 겨울바람처럼
창밖을 내려다보면
외투 깃 올리고 말없이 걸어갔던 그대가 아직 보인다
그렇게도 기다렸던 눈은 내리지 않는다
아마 진눈깨비가 내릴 것 같다는 생각이 드는 것은
덜 붉은 감처럼 내 마음이 아직 그대에게 전달되지 않아서 그럴 것이다

문득 그곳 바닷가로 떠나고 싶다
이른 새벽 어부들이 들어 올리는 그물 속에서
작은 발들을 꼬물거리는 물고기들 사이로
나를 던져 넣고 싶다

잃어버린 빵

손에 들고 있어도 먹을 수 없는 것
마지막 길에 엄마가 쥐어준 빵
보물처럼 한 번 베어 먹으려 입에 대보다가
넘기지 못하고
미소만 남긴 채 옆으로 쓰러진 동생
보고파라,
희미하게 웃던 그 애

겨울 한복판 관통하는 자전거
남루한 포장마차의 삶
나는 오늘도 김이 모락모락 나는 빵 하나 사들고
골목 끝의 우체통처럼
우두커니 서서 울고 있다
안타까워라,
두 눈이 재가 된 어머니는 까맣게 삭아가고
거적에 둘둘 말려
모르는 사내의 지게에 실려 나갔던 그 애

손에 들었다 끝내 먹지 못했던 빵
베적삼이 시커먼 대바구니의 식은 보리밥덩이를
게걸스럽게 먹어치우듯
나와 동생들이 먹어버렸지
십자가에서 피칠갑이 된 예수가 내려다보는 순간에도
대못 박던 처형군인들이 망치 바닥에 내던지고
망토 깔고 주사위 던지듯
정신없이 먹어치웠지

어느 후미진 둔덕에 묻혔을까
무서워 감히 따라가 보지 못했지
거적에 둘둘 말려
낯선 누군가의 지게에 실려 나갔던 그 애

마른 억새 뒤덮인 쓸쓸한 겨울 강가에서
아직도 잃어버린 빵을 찾고 있겠지

다리 심하게 절면서도

다리 심하게 절면서도
낡은 휠체어에 어머니를 태우고 다리를 건너가고 있다
소녀의 마른 몸이
한쪽으로 심하게 기울어진 채 휠체어를 밀고가면
두 다리는 규칙적으로 기우뚱거리고
앉은 어머니의 다리도 그쪽 따라 이리저리 흔들리었다
내가 시골가게에서 라면을 사서
다시 다리를 건너올 때까지
그들이 이동한 거리는
가로수 서너 그루 거리쯤 지났을 뿐
겨울바람에 거꾸로 밀려가는 강물의 속도처럼
아마 어린 아이들 발걸음도 그들을 따라잡았을 것이리라

나루터가 눈보라처럼 흩뿌려지는
작은 나뭇잎들에 몸 맡긴 채 정박해 있을 때
아무도 슬퍼해줄 이 없을 것 같은 모녀가
눈보라 속에 서로 부둥켜안은 채 시간을 건너가고 있다
저 앞쪽에 작은 시골 교회가 보이고

목사관 난로 위에 낡은 주전자가 끓고 있으리라
멀리 다리 저는 누런 개
폭설 내리는 이쪽을 향해
털 빠진 꼬리로 온몸을 흔들며 오고 있다

바닷가 벼랑 끝

바닷가 벼랑 끝 모퉁이
하얀 옷을 입은 이태리풍 식당에 앉아 있다
피아니스트가 온몸 쥐어짜듯 쏟아내는 음표들은
샹들리에로 온통 휘감긴 우윳빛 천정과
반들반들 빛나는 대리석 바닥으로 낮게 깔리고 있다
오밀조밀 모여앉아 깔깔대며
진한 초콜릿 시럽 같은 저녁을 마시는
노랑머리들 사이를 헤집고 다니고 있다
그녀는 색색의 털실들을 기일게 짜내다가
순간 재빨리 풀어내어
황홀하게 입 벌리는 사람들 목에 하나씩 걸어주다 한다
와인 잔들 서로 부딪치며
큰 소리로 노래하는
가슴 붉어진 사람들 틈에서
생각은 허공을 떠다니다 한다

갑자기 해질 무렵 낡은 고향집 사립문을 열고 들어가
어둑한 부엌 아궁이 안에서

활활 타는 가을 삭정이 가지들처럼
재 하나 남기지 않고 벌겋게 타오르고 싶어진다
농가 지붕 위를 천천히 기어오르는
저녁밥 짓는 연기같이 흔적도 없이 태워져
허공으로 내던져지고 싶어진다
혼자 마시는 알코올로는 쉽게 뜨거워지지 않는
빨리 연소되지 않는
이유가 분명 있을 것이다
이곳 알 수 없는 공간까지 들어와 어울리지 못하고
겉도는 이유가 분명 있을 것이다

물고기 떼처럼 바람이

물고기 떼처럼 바람이 한 바다 가득
은빛 지느러미들을 흔들고 있을 때

고개 바짝 뒤로 젖히고 양 볼 터지도록 웃으며
해변 뛰어가는 소녀들을 바라보고 있을 때

유모차에 아기 태워 밀다가
호안도로 보도블록에 끼어 행여 넘어지지 않을까
눈썹 찡그리며 가는
마른 아이 엄마를 바라보고 있을 때

그러나 이제 모두 흘러가고
비릿한 냄새 찌르는 청춘의 기억들 모두 잊혀지고
텅 빈 손에 아무것도 쥘게 남아 있지 않았다
온몸 세상 부딪치며 살아내야 한다면서도
제대로 시도도 해 보지 않고
그저 보이는 것만을 따라다니다 이곳에 주저앉았다
갯바람이 이동 커피점으로 개조된 낡은 트럭 가까이 몰

려와
  비닐 지붕을 예리한 칼로 갈라내 듯
  후드득 몸 훑고 지나가니 조금 정신이 든다

  무거운 배낭은
  니 머릿속에 넝마만 가득 채워져 있다는 사실을 그제서
말해준다
  그리고 이제 아무것도 남아 있지 않다고

등대

빠알간 두건 눈썹까지 내려쓴 아이가 웃는다
유모차에서 내려서며 환하게
낭대浪大한 바닷가 호안 길 끝에서 만난
떠돌이 저녁 별들도 미세하게 흔들린다
방파제 난간에 부딪치는 파도들처럼
오래 버티지 못하고 흩어진다

접안하기 위해 천천히 다가오고 있는 회색빛 선박들
만나려고 하는 것 같다 누군가를
마파람이 불고 있다 눈 뜰 수 없다
어두워지는 길에서 시간을 낚고 있던
기일게 늘어뜨린 릴낚싯대들 흔들린다
빈틈없어 보이는 촘촘한 그물 속
버둥거리는 물고기들도 흔들린다
해변에 혼자 서 있는 간이매점도 흔들린다

빛은 가늘게 흔들리는 공간 안으로 서서히 차오른다
발 아래쪽부터

마치 그대를 기다리기 위한 것처럼
여행자 지도를 손에 든 채 올라오는 것 같다
혼자 있을 때부터
태어날 때부터 움직이지 못하게 되었을 때부터
이미 정해져 있다
오히려 내 쪽에서 너에게 다가가야 한다는 것을

제2부

문득 언제인지

문득 언제인지 이곳에 한 번 와본 것 같다는 생각이 들었다

나무들 가만히 올려다보니
넓은 잎새들 사이로 언뜻언뜻 드러난 몸에
악성 피부병처럼 흰색과 누런색들이 서로 엉클어져
누가 달려들어 마구 긁어놓은 것 같았다
헐은 몸뚱이를 드러낸 채
서로 상처들을 껴안고 끝까지 그 자리를 지키는 것 같았다
척추병 환자들처럼 구부정하게 뒤틀린 모습으로
체념한 듯 고집스럽게 버티고 있는 것 같았다

누군가의 상처를 감싸준다는 것은 어려운 일이다
가지치고 치료해 주지 않은 채 내버려두면
점점 뒤틀려 더 험한 모습으로 변할 것이다
누구에게나 모두 아픈 기억들이 있다
가난한 시골아이 까까머리에 가득 번져 있는 버짐처럼

치료해주지 않고 내버려두면
그 자세로 고집스럽게 서 있다가
어느 날 결국 쓰러져 헐떡거리게 될 것이다
누구에게나 치료받고 싶은 아픈 기억들이 있다

대형 상가 카페 귀퉁이에

대형 상가 카페 귀퉁이에 앉아 내려다본다
광장 앞에 자동차를 내릴 때
여자들은 하나같이 꽃무늬 양산을 조심스럽게 펼쳐들고
몇 번씩 하늘을 올려다보며 빠져나가고 있다
협소한 화단에 분홍꽃들이 흥건이 피어 있고
저 쪽 도로 끝에 출구出口라고 쓰여진 팻말이 보인다
그동안 내 머리를 괴롭히던 통증들이 마침내 빠져나갈
곳이 저곳인가
이 어두운 상가 구석
커피 잔 위에 떠 있는 거품 위에
천천히 괴롭히던 문장들을 하나하나 옮겨 적고 싶다
누구라도 이렇게 앉아 있으면
그럴 것이라고 자문하면서

가을이 유모차에 누워 있는 아이의 하얀 모자를
몇 번 만지려 하다가 끝내 포기하고
쓸쓸히 빠져나가고 있다
이제 가버린 것은 다시 되돌아 올 수 없을 것이다

화단에 가득 피어 있는 분홍꽃들도 끝끝내 돌아오지 못하고
저렇게 손 흔들며 빠져나가고 있다
고여 있다가 주르륵 흘러내리는 눈물방울들처럼

누워 있다 벌떡 일어난

누워 있다 벌떡 일어난 사내
헝클어진 머리 무릎 속에 파묻고 등을 활처럼 구부린 채
창자 아래부터 끌어올린 앓는 소리를 낸다
여름 한때 지나가는 소나기처럼
사내의 고함은 멈추기 기다렸으나 끝내 멈추지 않는다
갑자기 그가 허공으로 팔 들어
손가락 몇 개를 접었다 폈다하다가
꼭 쥔 주먹과 함께 허공을 떠민다
따라 나온 비명 소리는
정신없이 길 가고 있는 사람들 뒤를 따라간다

쥐어짜는 소리 듣고 있으려니
잠시 잊고 있던 어깨 통증이 다시 도지기 시작한다
옆에는 두터운 뿔테 안경 쓴 남자
검은 가죽표지 책에 코 박은 채
넋 나간 사람처럼 무슨 말인지 혼자 중얼거린다
책장 넘기는 소리가 중얼거리는 소리를 따라간다
두 팔 귀밑까지 올리며

앞사람들 뒤 따라가던 여인들 발자국 소리도
흐르는 땀에 절어 미끈거리는 한 밤의 구석에서
몰래 빠져나오는 소리같이 끈질기게 따라간다

흘러나오는 사내의 비명은
이제 이파리 무성한 오동나무로 오르기 시작한다
나도 그렇게 때 절어 물비린내 나는 옷 걸친 채 주저앉아
아무런 표정 없는 하늘 향해
괴이한 소리 내지르지 않을까 덜컥 겁이 나기 시작한다
사내의 저항은 아마 멈추지 않을 것이다
어쩌면 숨이 멈출 때까지 계속되리라

독한 얼룩

다시 빗방울이 떨어진다
밤바람에 온통 머리 풀어헤친 나무들이
길 위로 초록빛 편지들을 사방으로 내던지고 있다
저 쪽 철제난간 뒤에는 아까부터
흰 큰 새 한 마리 비를 맞으며 처량하게
누군가를 기다리며 앉아 있다

순간 깜깜한 한 밤중 하늘 높이 솟아오르는 빠알간 폭죽 같이
 그는 희미한 가로등 불빛을 온몸으로 끌어들여
 환해진 머리를 돌려 이쪽을 쳐다본다
 가슴에 지폐 한 장 없는
 빈지갑만 갖고 다니는 마른 사내의
 쑥 들어간 그런 눈으로 이쪽 쳐다본다
 떠나보낸 누군가를 원망하는 그의 눈빛과
 가슴 통증이 이쪽 쳐다본다

 흰 모자를 쓰고 떠나가던

가느다란 그대 흰 손의 기억처럼
아주 오래도록 남아 있는
아무리 지우려 해도 지워지지 않는 독한 얼룩으로
너는 남아 있다
잠시 잊고 있던 시간들이
어둡고 긴 터널을 빠르게 건너와 이쪽 쳐다본다

누더기 걸친 사내 옆에

누더기 걸친 사내 옆에 앉아보았다
오랫동안 걸어온 다리 쪽 통증과
앞이 침침해지고 맥 풀린 사지에서
이제 그만 잠시 쉬고 가자는 신호를 보내왔던 것이다
몸이 먼저 알아차리고 보낸 명령에 속수무책으로 따랐다
사내와 두어 자 거리 두고 앉아보니
마치 누워 있는 것처럼 눈도 감겨오고
방구도 새는 것처럼 힘없이 나왔다
구석 벽에 등 기대고
이리저리 몸을 흔들어 보니 세상은 결코 넓지도 크지도 않았다
사내 몸과 내 몸이 합쳐 누워도 세 평이 되지 않았다

한때 정신없이 떠돌 때
언제나 세계는 넓은 것으로 보이지 않았던가
아니 황홀한 금발 여인들을 쳐다보다가
오래전부터 그 자리에 있었던
낡은 대리석 건물들이 겹쳐 보여 그랬던가

세상은 무척이나 크다고 생각한 적이 많았다
심장 멈추고 모든 것 내려놓을 때 되면
어차피 이렇게 좁은 공간에 버려지게 될 터인데

부스스 일어난 옆 자리 사내
큰 눈알을 이리저리 굴리며 사방을 살핀다

청춘의 배낭끈은

청춘의 배낭끈은 길다
전쟁터에 출정하는 군인들처럼
바짝 메지 않고 엉덩이 근처까지 내려오게 둔 채
기다란 머리채와 함께 흔들고 있다

직장은 늘 긴장의 연속이었다
가방끈은 짧게 매어놓았다
언제라도 명령만 떨어지면
곧바로 조사를 나가고 결과를 보고해야 했다
끈을 바짝 매놓지 않으면
대기 준비가 덜된 것 같아 늘 불안했다
호흡도 짧았다
끊임없이 가빠지고 화도 잘냈다
살아온 날보다 갈 길이 짧아서인지
도착할 때를 이미 알고 있다는 것인지

모자 깊게 눌러쓰고
후드티 입고 끈 길게 늘려 맨 채

춤추듯 걸어가는 청춘이 유난히도 부러웠다
서류가방도 끈을 길게 매면 어색했다
언제나 짧게 매거나 손에 꼭 쥐고 빠르게 걸어갔다

끈 길게 매고 간 적이 한 번 있었다
오래되어 삭은 가방끈이 모서리에 걸려 끊어지면서 그랬다
가방 한쪽 끈을 어깨에 매고 길게 늘어진 다른 한쪽 끈이
엉덩이까지 내려와 덜렁거린 적이 있었다
억지로 사고라도 당하지 않는다면
아마 끈을 길게 맬 일도 없으리라

장독대 모퉁이에서

장독대 모퉁이에서 외할머니가
북어 대가리를 퉁퉁 내려치고 있었다
할머니 옆에 쪼그리고 앉은 어린 나는
마른 북어가
내려치는 빨래방망이보다 어쩌면 망치보다
훨씬 더 단단한 것이라고 생각했다

그러나 방망이질에 흠씬 얻어맞아
온몸 짓이겨진 북어는
처음 걸쳤던 까만 겉옷 찢겨나가고
누런 속살이 점점 드러났다
나는 무서워져 할머니 팔을 잡고 그만 때리라고 매달렸다

겨울 내내 인적 없는 덕장에 목 꿰어 매달린 채
아편처럼 오래 묵은 바닷바람에 취해
서서히 말라가는 북어들
언젠가 방망이에 사정없이 두드려 맞아
짓이겨지고야 말 터인데

이곳 인적 없는 쓸쓸한 덕장에는
며칠째 수련 꽃보다 희디흰 함박눈들이 피어오르는데
이불보 덮어주듯 마비된 몸에 입김 불어넣어
고향으로 보내주려 애쓰고 있는데

살이 뜯기고 뼈가 으스러지도록 두드려 맞던
그때 북어 한 마리
다시 고향 가는 길목 잘 찾아가긴 했을까

이렇게 앉아 물 위를

이렇게 앉아 물 위를 바라보네
햇볕 받아 무수히 쪼개져 빛나는
수면 안쪽에 쪼그리고 앉아
머리 묻고 조는 새들
사람이 죽으면 새가 된다고 했던가
어릴 적 굿판에서 무섭게 두드리던 북소리와
작은 항아리에 담긴 하얀 떡가루 위에 찍혀 있던
새 발자국 몇 개를 어른들 틈으로 들여다보고
무섭게 떨며 잠 못 잔 적이 있었다

이곳과 이별하면 저쪽에서 다시 귀환하는 것들이여
우리가 열망하는 것들
조금 다가가면 더 물러나는 것들이여
그 어떤 것들도
그때 본 새 발자국들처럼 명료하게 귀환해
증거가 되었다면
거짓말이라 하더라도 위안이 될 것이다

저렇게 두 팔 휘저으며 떠나는 것들이여
떠나는 뒤에서 물끄러미 바라보는 우리들은
허망해질 수밖에 없다는 것을

슬픈 눈을 하고 징징거린다고
성격이 특별하거나 모나서가 아니라는 것을
떠나는 당신이 보기에는 집착이 많다고
너무 무리한 것 바란다고 말할지도 모르지만

목련

일찍 일어나 밖 내다보니
마당 가득히
비쩍 마른 다리
겨울 내내 입고 있던
까맣게 때 절은 몸뻬 갈아입지 못한 어머니가
두 손 가득 흰 튀밥을 계속 퍼주고 있었다

오늘 어머니가 보내주신
가래떡 튀밥 같은 봄소식이
소쿠리에 한 가득 담아 배달되었다

어쩐지 어젯밤 내내
떠난 어머니가 긁어주는지
등허리가 자꾸 근질거려 잠을 설쳤었다

벚꽃

아무도 없던 돌 틈에서
낡은 철도 침목 잘라 만든 작은 길 위에서
도시의 뒷골목 어디쯤에서
풍기던 경유 냄새처럼
기억의 뒷자락을 열고 새어 나오던 쯤에서

귀먹은 노친네가
증기 기관차처럼 고함치던
묶어놓았던 머리카락이 풀려 흩어질 쯤에서
하얀 엽서들이 마구 뛰어내릴 쯤에서

그렇게 벚꽃 매단 벚나무는 흔들리었다

가게 앞길은 분주했다

가게 앞길은 분주했다
길 위에 발자국들이 여기저기 흩어져 있고
유리창은 다시 어두워지고 있다
흐린 날이었으나
비는 아직 내리지 않는다
가을이 건널목에서 무엇을 기다리고 있는 사람처럼
잠시 초조하게 서 있다
누군가가 곁을 지나가고 있는 것이 흐릿하게 보인다
검은 모자와 안경을 쓴 채
또 하루가 가고 있다

그대 곁을 떠나온 지금
아직 기다리고 있을지 모른다고 생각했다
오래된 거리 서성이며
먼 곳을 바라보고 있을지 모른다고 생각했다
조각상처럼 서서 오랫동안
눈가를 조금 찡그리며 서 있을지 모른다고 생각했다
만차로 입구까지 막힌 지하주차장을 들어갔다가

다시 돌아 나올 수밖에 없었던 때처럼
후회하면서 서 있을지도 모른다고 생각했다

아스팔트 패인 자리에

아스팔트 패인 자리에 고인
검은 물웅덩이를 찬찬히 들여다보면
비가 언제 내렸는지 알 수 있다
텅 빈 아침 시장 골목
작은 고양이들만 휘젓고 다니는 길들
한쪽 구석에 덩그러니 놓인 고장난 의자 하나
적막한 사정 말해준다
까치 몇 마리 아침밥 굶은 듯
컨테이너 지붕 위 하늘을 몇 번 쪼아보다 어디론가 날아갔다

왜 이리 이곳에 가마솥집이 많은지
무안가마솥, 영남 가마솥, 정읍가마솥
송아지 크기만 한 도축견들이 많은지
대기소 같은 철제 우리 안에서
인간 쪽을 바라보며 한꺼번에 울부짖는지
이쪽 바라보는 수많은 눈곱 낀 눈들 눈들

피비린내 진동하는 아침 개시장

무덤 앞 붉은 왕 벚꽃나무

무덤 앞 붉은 왕 벚꽃나무
무덤 주인과 네가 살아온 날들
모두 한 생으로 피고 소멸된 것들
너는
언제나 빈자리에 남아
서늘한 이곳 냉기를 모두 받아내고 있다

저렇게 탐스럽게 몸 활짝 열었을 때
너는
가슴 저 아래쪽 깊은 내부에서
차올라 넘쳐나는 독한 피눈물 같은 것
언제까지라도 계속될 화려한 주문 같은 것

가까이 다가갔을 때
얼굴에서 숨소리처럼 희미한 인기척을 들었을 때
그 순간 가늘게 떨고 있는 너
떨다가 파편처럼 부서져
송두리째 흩어지는 것
언제까지라도 계속될 화려한 주문 같은 것

한 손으로 자전거 끌고

한 손으로 자전거 끌고 다른 한 손으로 허기진 배 쓸며
호안 안쪽 타이어 바람 빠진 채 주차된
낡은 버스 안으로 들어갔다
주방 물 끓는 냄비에서 흘러나오는 수증기에 가려져
희미해진 메뉴판을 한참 들여다보다가
맨 밑에 매미처럼 웅크리고 있는 열무비빔밥을 주문했다
김이 모락모락 올라오는 하얀 쌀밥 위에
열무와 두 스푼쯤 붉은 고추장
허기로 번들거리는 오후를 끌어당기고 있다
대접에 퍼준 밥을 찰지게 비빈 다음
크게 한 입 베어 물었다

무채 씹히는 소리가 어금니에서 귀 쪽으로 이동하며
식당차 앞 도로를 질주하는
인라인 행렬들처럼 입안을 긁기 시작했다
마른입 안쪽에 고여 있던 시간들이
버스 주변 떠들썩한 분위기를 가라앉힌다
침으로 밥알맹이들을 촉촉이 적셔주지 못하자

막걸리 잔에 가득 퍼내온
콩나물 국그릇을 몇 번씩 들이켰다
붉은 점퍼의 한 사내가 버스에 막혀 지나가지 못하자
막힌 코를 풀어댔지만
허기진 식욕은 눈앞 상황을 피하고 있다
어제 밤 꿈에서 보았던 허기진 장면들처럼
입속 이빨들은 정신없이 서로 부딪쳐대고 있다
출구로 내려설 때
마중 나온 함박눈이
할머니가 건네준 뜨건 숭늉이
얼얼해진 입안을 따습게 녹여 주고 있다

쌓인다 쌓여간다

쌓인다 쌓여간다 끊임없이 떨어져 쌓인 것들 밟힌다 모두 빠르게 지나갔다 수레바퀴를 되돌릴 수 없다는 것 추락하는 것들 다시 제자리로 날아오를 수 없다는 것 이미 알고 있다

하얀 꽃잎들 위로 걸어간다 주검들을 밟고 지나갔다 상여를 메고 가듯 어깨 위로 떨어진 꽃잎들을 메듯 지나갔다 하얀 조사 웅얼거리며

눈 감으면 혹시 떨어지는 꽃잎들 무게 느낄까 아픔들 허공에서 파도처럼 흔들릴까 꽃 터널을 천천히 지나갔다

도로 한쪽 귀퉁이 쪼그리고 앉아 무엇인가 바닥에 그적거리고 있는 한 사내의 하루 곁도 지나갔다

제3부

어둠이 몰려오자

어둠이 몰려오자 불빛이
하나 둘씩 켜지기 시작한다
나무들 사이로 불 꺼진 학교 건물이
우두커니 혼자 서 있다
창문들은 모두 커튼이 내려져 있어
어둠 속에서도 학교 유리창은
흰 치마를 입은 공포영화의 유령들같이 하얀 인광 뿜어내고 있다
무엇이든 혼자 서 있는 것들을 오래 바라보면
완강한 침묵을 지키는 사람처럼 보인다

그럴 때 어둠 몰려오는 학교를 바라보면
늘 하교 무렵 진행하는 하기식 때
구성진 트럼펫 소리가 다시 들려오는 것 같다
학생 모자를 늘 비스듬히 눌러쓴 나팔수가 있었다
눈이 퀭 하고 비쩍 마른 그는
알 수 없는 고독 풍겨내는 폼으로 나팔을 불어주었다
맑은 트럼펫 음은

집으로 가는 시장 길목에서 핸드마이크로 손님 호객하는
노래주점 목쉰 가수의 머리 위까지 날아와
지친 그의 하루를 달래주기도 하였을 것이다

공연 마친 서커스가
동네 한 바퀴 도는 이동트럭 무대 위에서
나비넥타이 맨 나팔수가 들려주는 목포의 눈물 노래처럼
걸어가는 내 머리 위에도 날아와
지끈거리는 생각들을 달래주길 바라는 것이다

김춘수처럼

기다란 검은 외투와 중절모
붉은 목도리를 휘감아 어깨로 내려뜨린 노신사가
언덕 위 카페 앞에서 손풍금으로 어제의 시간을 뽑아내고 있다
오른손으로 풍금의 둥근 손잡이를 돌리며
왼손은 음악에 맞춰 손바닥을 아래위로 너울거리며
북유럽의 겨울로 들어가려 하고 있다

풍금 올려놓은 목제수레 앞에
분홍레이스를 두른 소녀의 하얀 모자와
누군가의 어린 시절인지
알 수 없는 인형 몇 개를 대롱대롱 매달고서

가끔 왼손바닥 끝을 입술에 슬쩍 대보며
코 양옆으로 깊이 패인 주름은 골을 타고 내려와
구경꾼들의 가슴속을 헤집고 들어가
이제 따스해지기 시작하는 심장에 막 닿으려 하고 있다

낮게 깔리는 반주음
언덕을 천천히 흘러내려가는 붉은 비음들
사람들의 찢어져 올라간 입 근육들
이미 노래에 침몰되었음을 낱낱이 보여주려 하고 있다
박수 받으며 모자 벗고 무릎 굽혀
한발 뒤로 물러서서 인사하는 노인
풍금 앞에 놓아둔 흰 깡통 속으로 즐거움의 증표 던지는 사람들

검은 외투에 흰 숄을 어깨에 걸친 중년 여인
마른 얼굴에 올려놓은 큰 안경에도
그녀의 입 가장자리에도
그녀의 삶 한가운데서 가장 행복했었던 순간을
다시 한 번 꺼내어 보여주려 하고 있다
해가 보이지 않는 언덕 위 쌀쌀한 카페 앞
초겨울 바람이 활엽수 나뭇잎 몇 개를 장난감처럼 굴리려 하는데
무엇인가에 홀려 끌려가듯

왼손을 내밀며
노인 앞으로 다가서는 여인에게
허리 굽혀 손등을 보듬고 입 맞추는 노 시인

어미여우가 눈 푹푹 빠지는

1

어미여우가 눈 푹푹 빠지는 산 중턱에서
우왕좌왕하는 제 새끼들 데리고 걸음마 요령 가르쳐주듯
차가운 뱀의 허물 같은 겨울이 뒤뚱거리듯
앞장서서 걸어간다
길은 무더기로 쌓인 눈들로 얼어 있고
겨울은 불 꺼진 빌딩의 차가움처럼 매섭고 단단하다

그럴 때 달리는 버스 창밖으로 내다보는 풍경들은
언제까지 계속될 것인지 문득 의문이 든다
길은 기다랗게 풀어두었던 끈을
오히려 바짝 제 앞으로 더 끌어당기듯
끊임없이 보아주기를 재촉한다

아무리 얼러도 속내를 보여주지 않는 사람처럼
밤은 깊은 도시 속으로 들어가 숨고
나무 위의 어린 새들도 한참을 떨다가 어디론가 사라져

버렸다

2

손바닥을 비비며 소도시 대합실에 줄 서
아침에 사놓은 고속버스표를 바꾸기로 마음먹는다
도착을 몇 시간 앞당기기 위해
우등표를 일반표로 바꾸어 떠나기로 했다
그러면 내 생애도 조금 앞당겨질 것인가
버스표를 바꾸어 출발시간을 앞당기듯
시간을 뭉텅 잘라내듯
되돌아 갈 수 있다면
한번 용기 내어 과거로도 가보고 싶다
돌아가 후회 없는 사랑도 가능한 것인가
짧았던 청춘의 밤 하얗게 밝히며
완성되지 못한 원고도 어서 끝내고 싶다
펄펄 끓는 젊음의 문으로 다시 들 수 있다면

혹시 절창의 맨 처음 실마리를 만날 수 있는 것인가

가면무도회에 입장하기 전
쭈그러진 피부 감추기 위해
음습한 기억의 창고에 오래 처박아 두었던
동물 모양 징그러운 가면을 쓰지 않아도 될 것인가
긴 한숨을 내쉬며 한 번 생각해 보는 것이다
빌딩 옥상 위에 자신 있게 웃고 있는
저 대형 스크린 속 젊은 여우처럼

가을 구름이

가을 구름이 피렌체의 하늘 위에서
끝내 어머니와 떨어지지 않으려는 아이의 손처럼
언제까지라도 허공 붙잡으려 하고 있을 때

저녁 해가 오리브 나무들에게
옷장 깊은 속에서
가장 아름다운 붉은 옷 꺼내 정성껏 입혀줄 때

한 사내가
대리석으로 축조된 탄식의 다리 위에서
수없이 깨트렸던 굳은 맹세 또다시 깨트릴 때

도저히 의미를 알아낼 길 없는
사이프러스 나무들의 긴 행렬이
식어버린 제 가슴을 예리한 나이프로 도려내어
하늘 높이 두 손 치켜들고 있을 때

그믐달 1

  함께 찍은 사진들 골라낸다 너의 얼굴 뒤에 시무룩하게 서 있는 사내 머리를 엄지와 검지로 잡는다 오려낸다 슬픔이 오려낸 자리에 눈물처럼 고인다 촉촉이 젖은 눈을 들어 지워본다 조각들 천천히 허공에 뿌린다

  잘려지고 남은 가장자리에 입술 가만히 대 본다
  훅 불어본다
  서린 입김 속에서 드러내지 않은 그 어떤 것들을 만난다
  그리움이 슬쩍 한 발을 걸친다

그믐달 2

   가위를 든다 너는 잘라낼 장면들을 고른다 아주 조심스럽게 천천히 잘라낸다 썰리는 소리가 빳빳한 인화지 속 헤집고 낮게 기어 나온다

   소리를 잡은 왼손이 가늘게 떤다
   떨림이 오른손을 밀어낸다
   팔이 가위의 무게를 내려놓는다
   고개 숙이고 가만히 드려다 본다
   젖은 새벽 별빛이 촉촉해진 눈 속으로 스미어든다

그믐달 3

커피 잔을 든다 짙은 향을 타고 기억들이 아랫배를 훑어내린다 찌른다 아픈 추억들도 순간 꿈틀댄다 함께 마시던 그림자도 뒷등을 조금 흔든다

어둔 둔치의 약속들
뱉었던 다짐들
허공에 천천히 떠다닌다
(너는 순간 당황해하며 자리에서 일어나고)

언덕 쪽으로 천천히 걸어간다
새벽하늘이 조금씩 밝아지기 시작한다

입영열차

눈이 독하게 쏟아져 내리던 날
머리를 백호로 밀고 입영열차를 탔다
플랫폼에 날 위해 환송 나온 여인은 없었다
훈련소 침상은 먼지 냄새와
퀴퀴한 땀 냄새로 가득 채워져 있었다
흐린 백열등 전구 조도는 익명처럼
누구도 선명히 구별하지 않아 좋았다
누우면 곧 잠드는 취침 전에도 편지는 기다려졌다
오지 않는 소식들을 기다리며 하루하루
어서 빨리 이 고난이 끝나기를 빌었다
사격장에서 소변 볼 사람 나오라는
소대장 일장훈시가 있고 몇 사람이 앞으로 나섰다
용변 중 뒤로 돌라는 지시 따르지 않았다고
철모 벗고 그 위에 대가리 박기를 수십 번
온몸을 몽둥이와 워커발로 구타당했다

사격 차례에 이르러 영점 사격지 과녁은
모두 가운데 구멍이 시커멓게 뚫어져 있었다

내 반드시 갚아 주리라
제대하고 난 뒤 놈을 만나 되갚아 주리라
다짐하며
이를 악물고 쏘았던 것
어두운 시절 거리에서 탱크를 만난 투사처럼
눈에 독 품고 쏘았던 것

눈을 감으면 지금도
독하게 눈이 내리고
김이 서린 입영열차가 플랫폼으로 들어온다

비가 양쪽 골짜기 가득

비가 양쪽 골짜기 가득 쌓인 온갖 날것들을
절벽 아래로 씻어내고 있다
한때의 장면들이 폭포줄기 속에서 영화필름처럼
스르륵스르륵 돌아가고 있다
울컥 쏟아지는 기억들로 얼굴 뒤범벅으로 적시며
그를 친구라고 한번 불러보고 싶었다
언제나 정면 똑바로 쳐다보며
옹골차게 살아가고 싶었던 적이 아주 많았다

그러나 늘 같은 자세로만 꼿꼿이 살아갈 수는 없었다
그렇게 살아보려 발버둥 쳐도
앞만 보며 반듯이 걸어가고 싶어도
세상은 비굴과 만나게 해주었다
저 앞 도도히 떨어져 내리는 폭포를 바라보며 그는
아직도 정면 똑바로 보며 서 있다
그 모습 한번 닮고 싶어
가만히 옆자리로 다가가 보았다

아무 움직임 없이 그는 제자리에 서 있었다
나도 꼿꼿이 앞만 바라보는 자세로 서 있는 모습인지
그에게 한번 물어보고 싶었다
아니 그렇게 보아주길 원했다고 솔직하게 말해야 옳은지
그에게 한번 물어보고 싶었다
변명처럼 생이 절벽 아래쪽으로
비명소리 내지르며 길게 뛰어내리는
허연 머리통들이 공중 둥둥 떠다니는 그곳에서
그에게 한번 솔직히 물어보고 싶었다

안내 방송하는 기관사처럼

안내 방송하는 기관사처럼 일일이 행선지를 멘트하며
승객들 호기심어린 시선 온몸에 받은 채 전동차 출입문에 기대선
머리 헝클어진 정신박약 소년
낡은 반바지 맨 발

"내리실 곳은 안국역, 안국역입니다. 쉭쉭… 쉭쉭…." 차문 열리는 소리까지 꽉 다문 이빨 사이로 내뱉으며
출발역부터 목쉰 소리로 더듬거리며 그렇게 서 있다. 언제까지 그자세로

지하역에서 계단 오르다말고
신문 가판대 옆 의자에 주저앉아
나는 아픈 아이 업은 어머니처럼 한사코 달려가는 전동차를 바라보았다
촉촉해진 시야 때문에 전동차량 기다란 몸체는 뚝뚝 잘려나가고

온몸으로 지하역 바닥에 꾹꾹 도장을 찍으며
중풍 든 노인
옆자리에 다가와 묻는다
손님, 이거 얼매짜리지요?
(그의 손바닥 위에 새까만 10원짜리 동전 하나 오들오들 떨고 있고)

아무런 대답을 할 수 없었다

새벽 컴컴한 지하역

새벽 컴컴한 지하역 승강장
엄마가 양손에 꼭 쥐고 끌고 가는
두 아이의 손은 작고 또 슬프다

아이들끼리 손잡고 따라오게 둔다면
엄마를 이내 놓칠 것이기에
어른들이 새벽 찬 공기 가르며 외투주머니 손 넣은 채
제 앞발만 보고 종종거리는 허리에 가려
길을 잃을 것이기에

아이들은 알고 있었다
엄마의 따스한 손은 결코 놓칠 수 없는 생명줄임을
왼손에 여자아이, 오른손에 사내아이 단단히 잡은
엄마의 줄은 팽팽하게 당기고 있다는 것을
놓치는 순간 식구들 모두 아프게 된다는 것을
가슴으로 알고 있었기에

주근깨가 깨 과자처럼 쏟아진 얼굴로

잠시도 사방 살피기 게을리 하지 않는 말총머리 엄마
공장 가는 버스에 아이 둘 안아 올린다
그리고는 덜컹거리는 버스 유리창에
누군가가 그려놓은 얼음 성채 앞에 두 손 오므리고
뜨거운 입김 '호' 불어 길을 터준다
길을 잃을 것이기에

동네교회 모퉁이

동네교회 모퉁이 일요일 오후만 되면
부쩍 바빠지기 시작하는 목련나무 하나
나무 밑에는 튀밥 튀기는 아저씨
이웃 꼬맹이들 모여앉아 기다란 진 치고
아직 몸 채 열지도 않은 나무에
임란해전 때 천자포 방포하듯
떨고 있는 그를 겨냥 요란한 봄소식을 쏟아대기 때문에
위에서 공깃돌처럼 오목조목 모여 있던 꽃봉오리들은
갑작스러운 포격에 모두 화들짝 놀랐으나
아직 터져 나오려면
시간이 좀 더 필요하던 중이었다

햇볕 잘 드는 좋은날 받아
겨울 내내 잠긴 빗장 열고 한 발 슬쩍 내딛기 위해
얼굴 치장을 하던 중이었다

작년 크리스마스 때부터 교회 마당 줄에
끈질기게 매달려 있던 색색 꼬마등불과 함께

한번 뜨겁게 터트려주려고
단단히 준비하던 중이었다

마른 들깻잎처럼 가벼운
팝콘장수 아저씨 지갑을 위해
낯 가리지 않고 한번 환하게 터트려주려고
단단히 준비하던 중이었다

허름한 골목길 낡은 앰프

허름한 골목길 낡은 앰프에서 흘러나오는
목쉰 가수의 노래를 듣다가
갑자기 울컥 흘러내리는 눈물처럼
한때 진정으로 그리워하던 사람의 얼굴을 떠올려 봅니다

무슨 이유인지 러시아워 퇴근길에서
급하게 끼어드는 앞차를 바라보다가 엉뚱하게
전화 통화하던 분에게 상스러운 말을 한 적이 있습니다

전날 마신 술이 그때까지 덜 깨던 때문이 아니라
사실은 소싯적부터 부족한 가정교육과
상스러운 언어들로 가득 넘쳐나던
기차역 뒷골목 판자촌에서 자랐던
태생적 한계 때문이라고 자책해봅니다

말로써 직업을 삼은 그대에게
상스러운 말로 상처를 준 것은 변명하지 않겠습니다
진작 용서를 빌었어야 하는데

너무 늦은 것 아닌지 후회됩니다
용서받기 위해 평생 형벌처럼 살아가도록 하겠습니다

새 한 마리 물위에

새 한 마리 물위에 긴 날개 적서보며 날다가
문득 그 일 싫증내고
냇물 한가운데 어깨 움츠린 검은 돌 위에 섰다
그는 부드러운 천으로 감싸여 있는 물들을
돌 위에서 내려다보고 있다

훤히 비치는 물속 들여다보면
흐느적거리는 수초들은
모두 한 방향으로 떼 지어 어디론가 떠나려 하고 있다

아이들이 공중에 띄워 종일 벌세우고 있는 저 연들처럼
한때는 힘 도달하는 한계까지 비행해 보았을 것이다
마른 몸 지탱하기 위해
쉬지 않고 벌레를 잡아 하루하루를 꾸려야 했으므로

물 한가운데 있는 돌 밟고 서서
잠시 숨 고르고 있어보니
마치 비 개인 뒤 고향 열무 밭 한가운데서

여름 솎아내는 것같이 오금이 저려온다
저 앞 양편 언덕을 정수리로 들이마셔
몸 저 아래까지 길게 숨 마셔 보니
생각하기 따라 세상은 다르게 보인다
제 앉은 자리에서 좁은 앞만 내려다보며
함부로 재단하고 있던 자신이 부끄러워진다

제4부

늘 남들과 다른 쪽으로

늘 남들과 다른 쪽으로 걷는 사람이 있다
많은 사람들이 한데 엉켜 한쪽 길로 걷고 있는데
유독 반대방향으로 혼자 걷는 사람이 있다
어느 길에서도 그랬다
계속 반대방향으로만 역주행하는 사람이
어느 쪽으로 걷는지는 무의미한 듯
생각에 잠겨 걸어가는 그 모습에
누군가는 아마 판단을 잘못해
거꾸로 걷는 것이라고 볼 것이다
그는 정글 탐험이라도 하듯
사람들 사이를 헤쳐 나가며 앞만 보며 걷고 있다
그러나 멈추지 않고 걷는다면
결국은 많은 사람들이 떠나왔던 출발지점에 도달할 터인데
모두들 역주행으로 걷는 그가 잘못 걸어간다고 생각하듯
언제나 구경만 하면서
일정한 거리 둔 채 다가가지 못하는 것이다

나이 들어서도 주변 의식하지 않고
늘 꼿꼿이 걷는 사람을 닮고 싶다
벤치에 앉아 줄곧 걷는 사람들을 멍하니 바라보는 노인들도
한때는 젊은이들처럼 어깨에 힘 잔뜩 준 채 걸었을 것이다

후두둑 비가

후두둑 비 쏟아진다
길가에 눌러 붙어 있던 누런 잎새들
빗물에 몸 맡기고 늦은 시간 속으로 걸어간다
그렇게 걸어가다가 생각나면
거꾸로 돌아오다가 마음 바뀐 것인지
다시 처음 방향으로 걸어간다

떠밀려 흘러가듯 여기까지 걸어왔다
가다가 벽과 마주치면
되돌아가라는 신호로 알고 뒤돌아 걸어갔다
늘 기적 같은 소리가 기일게 귓가에 맴돌았다
앞만 보고 가라는 비명 같은 소리만 크게 들려왔고
다른 소리는 들려오지도 않아 걸어갔다
언제나 타협하자고
그만 쉬어가자고 하는 소리가 등 뒤에 들려왔지만
억지로 그들을 만나지 않았다
누군가가 강제로 브레이크를 밟아주지 않는 한 똑바로 걸어갔다

그러나 그 모습 관찰한 예리한 눈에는
똑바로 걸어가지 않는 것으로 보였을 것이다
길가에 놓인 무수한 물웅덩이와 장애물을 지날 때도
분명히 비틀거리며 가는 것으로 보였을 것이다
술 취한 사람처럼 흔들며 걸어가는 것으로 보였을 것이다

망초 꽃들이 무리지어

망초 꽃들이 무리지어 앉아 있네

모두 이쪽 바라보며
한 줄로 달려오는 자전거들
그 뒤 바짝 따라오는 바람들의 질주를 보며
또 다시 무엇인가를 막연히 기다려보며
언제까지라도 다소곳이 모여 있네

온 세계가 다 지워진다하더라도
언제나 무너지지 않는 견고한 성처럼
바로 이 자리에 앉아 있네

어느 고귀한 생애로도
감히 흩으려놓지 못하는 자세로
서로 다정하게 어깨들을 맞대고 앉아 있네
대형 웨딩케이크처럼 둥그렇게
이 밤 하얗게 밝히고 앉아 있네

길을 간다

1

길을 간다
길은 갇혀진 것들을
모두 보여주지 않는다
잃어버린 어머니를 찾고 있는 것처럼
눈썹 촉촉이 적셔진 채 간다
어둠이 더 빠르게 몰려오는 이유 모른 채
메꿀 수 없는 허기를
구부정한 등에 업고서 간다

모두 버리면 된다고 또 다른 마음들이
달콤하게 속삭이는 걸 들으며 간다
의심 짓는 것도 이 끝없는 생각들이
밖으로 걸러져 나온 것이 아닌지 물으며 간다
허공 속으로 들어가면서도
아무리 찾아내도 채워지지 않는 그것들이
무엇인지 물으며 간다

2

배가 아프다
어제 늦도록 마신 술 때문에
밤을 잃고 나니 이제는 배가 아프다
술을 사양하지 못하는 못된 습관
고쳐지지 않는 이 버릇은 어디서 왔는가
속이 학대당하면 후회하면서도
소주 반병 주량을 넘기면
다음날 내내 고통인 것을 알면서도 건네주면 마신다

아버지 찌그러진 양은 주전자
작은 내 손에 쥐어준다
동네 구멍가게에 가서 막걸리 반 되 받아오라는 더듬는 말
백열등 어둔 가로등 그림자와 동무하며
슬픔 반 되 받아들고
허기진 입으로 주전자 꼭지 빨며 돌아온다

처음에는 쓰디쓴 약처럼 혀를 쏘다가
점점 몽롱해지던 그 길 돌아온다

마셔버린 만큼 다시 펌프 물로 채워 넣던
소년시절 형벌은 길고 질겼었다
건너오는 술잔마다 거절하지 못하며
허겁지겁 연신 굽신거리며
며칠 굶은 자가 따신 밥사발을 받은 것처럼
두 손으로 황송하게 받았던 것이다
허겁지겁 연신 굽신거리며

폐수에 엎드려 있던 오후는

폐수에 엎드려 있던 오후는 점점 더 검게 변한다
아무리 들여다보려 해도
시간은 명확히 속 깊이를 알아낼 수 없다

화물을 부려놓은 빈 중고트럭들
건물 담벽에 한 줄로 기댄 채
버려진 폐자재들과 서로 몸 섞고 있다
아무도 찾아 주지 않는 외진 이 구석까지 쫓아와
긴 다리 걸치고 시뻘겋게 각혈하던 오후는
무작정 무엇을 기다리고 있는 사람들 틈에 끼어
버려진 골판지들을 깔고 주저앉았다

한때 휘황했던 생애를 기억하는 것처럼
물은 배수펌프 속에서 흰 거품 뿜으며 요란히 쏟아진다
집하장 미세 먼지들도
공중에서 흩날리다가 마침내 숨죽여 가라앉는다
물은 기억 끝에 매달린 생각들을 찬찬히 들여다보다가
곤돌라 끝에 올려져 있는 허공 길게 바라본다

젊었던 시절 한때
새벽 끝까지 뒤 따라가다가 놓쳐버렸던 치기들이
저릿저릿한 반딧불로 변해 하나씩 밤 위에 떨어진다
골라낸 폐자재들 재생되기 위해
다시 어디론가 실려 가는 바로 그곳에서

캐빈하우스 탁자 위

캐빈하우스 탁자 위 작은 램프
감색 심지가 천천히 올라온다
귓전 때리는 앰프 소리
조용히 올라오는 미세한 생각들
그러나 정작 기다렸던 것들은
낮게 가라앉아 있을 뿐 올라오지 않는다

문 열면 밖은 하얀 어둠들
외투 깃 올리고 한쪽 구석부터 천천히 넓혀가 본다
사방을 훑어보아도 공간은
여전히 연체동물처럼 춤추는가

적막은 심장에서 나와 또 다른 세계를 관통하는가
통나무 틈새마다 달빛이 비집고 들어
신비한 빛을 반사하고 있다
벽마다 온통 각자의 발원들을 낙서처럼 새겨 넣는가
마음은 갈라지며 공중으로 떠오른다
페치카 재들이 허공에서 조각조각 부서질 때까지

머리에서 떼어낼 수 없는 것들은
긴 침묵으로 길 모퉁이를 막는가

바닥에서 올라온 생각들이
다시 쓸쓸한 지상으로 가라앉을 때까지

흔들린다 누군가

흔들린다 누군가 높은 다리 밑 난간에
위태롭게 걸어둔 외투
바람이 불자 잠시 멈추고
가늘게 떤다 외투의 두 팔
흔들린다
입김으로 뿌옇게 덮여진 안경 너머로
다시 두 발 쭉 뻗는다

요란한 자동차 경적음 들으며
젖은 생애 드러낸다

결코 다시 돌아 갈 수 없는 땅
이쪽 돌아보며 손 흔들고 있다

두 손으로 조작 가능한 수단은

두 손으로 조작 가능한 수단은 단 몇 가지 뿐
열차는 곧 종착역에 들어서고
출구 밖의 밤은
복면한 얼굴로 단단히 막아섰을 뿐

누가 장난삼아 등 한 번 떠밀어 준다 하더라도
세상길 찾아가는 데
도움 되지 않는다
등 한 번 떠밀어 준다 하더라도
당장 눈 앞 저 까마득한 계단조차 오를 수 없다

자꾸 눈 가리는 모자를
의자 뒤 폴대에 훈장처럼 붙이고
오늘 하루를 리프트에 걸어본다

눈 앞이 자꾸 깜깜해진다
계단이 무겁다

다듬어진 황동, 스텐의 기억들이

다듬어진 황동, 스텐의 기억들이 오늘
서로 고리로 단단히 묶여 있다
겨울 내내 장롱 안 낡은 외투 주머니 속에 숨어 있다가
밖으로 나와
알 수 없는 무늬, 모호한 숫자의 나열들로 뒤엉켜 있다

칼과 독
밖과 안
두 개의 상징,
몸 부딪혀도 한 고리로 묶인

칼은 날 서도록 다듬는 화두
독은 걸러지고 싶은 정수
묶여져 어두운 커튼 뒤에서
끝내 펼쳐내지 못한 억눌린 자유가 뒤엉켜 숨어 있다

바람에 가로수 잎새들이 우수수 추락한다
마른 잎새들과 목젖까지 숨 차 오른 잔디들

서로 한 고리로 단단히 묶여 있다
끌어안고 긴 겨울 통과하기 위한 몸부림이
손 안에서 걸어 나와 흩어지기 시작한다

이미 정자에는

이미 정자에는 사람들이 가득 차 있다
거칠게 쏟아지는 소나기 피해 안으로 들어가니
한가운데에 늙은 사내 길게 누워 있다
아예 그곳은 그의 전용숙소였다
어디서 구했는지 등에 대형 태극기 깔고
비 오기 전부터 잠들어 있었던 것 같았다
수많은 곳 누비고 다녔을 때 절은 겉옷
함께 뒹굴었을 내복들
말리기 위해 난간에 널어두고
곁에는 늙은 마누라인양
오래된 그의 구식 딸딸이 자전거 한 대 비스듬히 기대어
섰다

바닥에 드러누운 그 모습 누가 보았다면
아마 자전거 타고 유람이나 다니는
늙고 한가한 사내로 볼 법했다
그는 마구 지붕 두드리는 빗줄기 소리에 놀라
아직 채 마르지 않은 난간의 빨래처럼

마른 몸 일으켜 세워
걸어둔 내복을 반바지 위에 끼워 입는다
천천히 러닝셔츠 위에 널어두었던 스웨터를 입는 사내

그때 거꾸로 내리꽂는 굵은 빗방울처럼
허기진 사내의 커다란 눈망울은 계속 두리번거리고 있다

길을 빠르게 돌아

길을 빠르게 돌아 출구로 빠져나올 때였다

아까부터 점점 차가워지던 아랫배에서
비명소리가 들려오기 시작한다
간이화장실에서 설사를 한바탕 하고 나와 자판기 앞에 섰다
주머니에서 500원 동전 하나 찾아내
자판기 뜨거운 차 한 잔 빼들고 주저앉을 때였다
자그마한 사내아이
얼굴 가득 환하게 웃으며 다가와
이거 찾아가지 않았어요 하며 작은 손바닥을 편다
필름 끊어진 것처럼 기억에 없는
미아가 되었던 100원짜리 동전 두 개
제 주인에게 귀환한 것뿐인데
아이의 함박웃음에 전염되었나
200원과의 조우는 300원짜리 커피 한 잔보다 컸다
아이가 전한 따뜻함이
마치 주머니에 땡전 한 푼 없는 노숙자가 큰돈을 받은 것

같았다

얼마 전 자판기 앞에서
헌 이불보따리를 유모차에 가득 싣고 가던
마른 여자 노숙자가 참외 먹고 싶다 해 적선한 것보다
얼굴 가득 웃으며 잃어버린 기억 되찾아준
아이의 작은 손바닥 따스함이
더 소중하다고 생각해 보는 것이다

지퍼 떨어진 동전지갑을

지퍼 떨어진 동전지갑을 새로 사기 위해 길을 나섰다
길 위에 오래 서 있었으나
어디로 가야 할지 생각이 떠오르지 않았다
낡아 가죽 벗겨지고 결국 지퍼까지 떨어진 그것
바지 주머니에 넣고 다니다가
한번 씩 꺼낼 때면 내용물들
후드득 길바닥으로 쏟아지곤 하던 그것
아아 입이 봉해지지 않은
말 많던 친구가 제 속 깊이 감춰두었던
마지막 맹서를 뱉어낸 것처럼 다시는 주워 담을 수 없는 그것

땅에 흩어진 동전과 열쇠꾸러미 황망히 주워 담으며
돈 없어 병원 가보지도 못한 채
입 벌리고 죽은 어린 동생들을 떠올려본다

지갑은 오래전 육교 구석
구걸하는 사람처럼 빗과 무좀약들 늘어놓고

졸린 듯 앉아 있는 노인에게서 샀었다
오늘 다시 재래시장 골목들을 헤매 보았으나
허기 유혹하는 매대만 즐비할 뿐
어느 곳에서도 동전지갑은 보이지 않았다

사람들 끝없이 스쳐가는 시장 한가운데 서서
무엇인가 주워 담으려고 무작정 떠도는 방랑자처럼
시간은 그때 길 위에 잠시 서 있었다

해바라기와 낫 독과

들풀들이 누렇게 염색한 머리털을 흔들기 시작할 때쯤
가을은 낯선 도부수 차림으로
옆구리에 시퍼런 낫을 차고 어김없이 찾아 왔다
혼자 장대처럼 말라가며
길 위에 서서 우두커니 참형을 기다렸다

오들오들 떨며 기다리다보면 햇볕이 그리워진다
마지막 몇 남은 호롱불 심지 끝까지 올린 다음
솟대 밖으로 내다 걸고 손님 맞아야지
단 일합에 잘려나가기 전에
먼저 검게 썩은 이빨부터 뽑아내고
깨끗이 단장한 다음
참하게 목 내밀고 기다려야 하지
아직 채 씨도 틔어보지 못한
작은 아이들 머리통들이 갑자기 어른거려
새삼스럽게 눈물이 앞을 막는다

한껏 가벼워진 몸 바람에 맡겨본다

혹시 태어날 때부터 머리가 없었던 것 아닌지
순식간에 잡생각들 잘려나가고
그 자리에 대궁만 남겨졌으므로
가벼워진 몸체로 잘 견딜 수 있을 텐데 이상하지
머리 잘린 허전함으로
남아 있는 푸른 잎들은 까맣게 삭아간다

늘 바보 같다고 놀림감이던
커다란 머리통이 달려 있을 때는 정말 몰랐었다
시퍼런 낫 독에 몸살기 들었는지
온몸이 묵직해진다
병든 개처럼 덜덜 떨리고 전신이 쑤셔온다

열차 들어선다

열차 들어선다 플랫폼 전광판 글자들 점점 색깔 바뀐다
진입 전 열차는 먼저 이마에 부착한 램프로 전방 헤쳐간다 언제나 그랬다
불붙은 것들 늘 상대를 보호하는 것처럼 먼저 끌어당기다가 결국은 제 몸 뒤쪽으로 밀쳐낸다 아무도 말릴 수 없는 힘! 임무에 온 정성을 다하는 비감한 표정
다리 꼰 채 비스듬히 서서 승객들 잠시 측은하게 바라본다 정지한다

언제나 그랬던가
다른 것들 모두 밀쳐내고 먼저 들어오는 것들이 안도감 주던가
분명히 예상되는 뒤쪽 검은 행간들 다 덮어주지 못하면서 짙은 패배감까지 안겨주고 재빨리 사라지는 것들이
어떻게 볼 것인가
이 둘의 관계
서로간의 약속이 존재하는 범위 내에서 동의가 가능한가

어린 시절 매서운 겨울
진눈깨비 속 뚫고 붉은 안광 무섭게 쏘아대며
플랫폼 입환하는 기관차처럼 끊임없이 그를 초조하게
기다려왔다
늘 혼자 벌벌 떨며
그를 오래전부터 기다려왔다

길가에 가득 쌓여 널브러져 있는

길가에 가득 쌓여 널브러져 있는 낙엽들 위에
발로 뭉개 듯 두 발 올려놓고 지그시 누르면
비명소리가 가로수들 사이로 빠져나간다

한때 불분명 했던 약속들을 떠올려본다
고향 언덕에는 언제나처럼 흩날리던
겨울 낙엽들이 있었다
언제까지라도 끝나지 않을 것 같았던
춥고 길었던 겨울들
아픈 기억들을 생각하면 눈물 고인다
얇은 면도날로 잘게 도려내는 듯한 이 질긴 통증들
자주 들여다보았더라면 사정이 달라졌을지도 모른다
상황은 변할 수 있고
언제나 묶여 있는 시간은 없었다
선택은 다른 선택을 내버린 것처럼 보였으나
결정하지 않은 선택은 버려진 것이 아니었다

그 자리에 남아 한밤중 깨어
밤새도록 두 눈 반짝이고 있는 통증처럼

하얀 기억들

아버지 강가에서
허옇게 웃음 흘리며
머리 위로 커다란 그물 던지고 있다
끊임없이 던지고 거두지만
그물 속으로는 고기가 들지 않는지
바람 휘저으며 억새들 앞으로 앞으로만 걸어가고 있다

언덕 위에는 완강한 추억 같은
하얀 교회 첨탑이 보인다
끝이 뾰족한 교회 지붕은
어둠 속에서 몰래 치르는 수음처럼
언제나 두려움의 대상이었다
그럴 때 첨탑 끝머리쯤 달려 있는
창문은 유일한 탈출구였다

누군가가 강기슭에 쪼그리고 앉아
다발로 묶은 반짝거리는
하얀 기억들을 흔들고 있다

금기웅의 시세계

기억의 폐허를 넘어 모성의 지평으로

주영중
(시인, 문학평론가)

　기억은 빛나는 폐허다. 실현되지 못한 소망들이 기억의 자리에서 여전히 빛을 발하고 있다. 그러나 그것은 되돌릴 수 없으므로 아프다. 아픈 빛인 것이다. 기억은 감각적인 것들로 생생히 떠올라오지만 상처를 동반하며, 아름답게 반추되지만 되돌릴 수 없는 것으로 각인된다. 그러한 순간들이 반복적으로 찾아오는 것은 우리가 그에 대한 미련과 아쉬움을 떨치지 못한 채 여전히 그에 대한 아련한 애착을 가지고 있기 때문이다. 그러므로 기억의 강박적 재현은 지나온 날들에 대한 헌사 또는 애사의 의미를 지닌다.

　금기웅 시의 기억은 사물과 대상이 주는 감각적 울림을 따라간다. 감각은 감정으로 전이되며, 사유가 그것들을 감싸 안는다. 기억의 벡터는 유년과 성년, 그리고 불가시적 미래를 향해 바쳐진다. 유년은 그에게 가난과 상처로 얼룩져 있고 성년 시절 또한 지난한 고통을 넘어가는 과정으로 점철되어 있다. 화자는 이러한 경험들을 통해 알 수 없는 허기와 결핍의 감정을 경험한다. 어머니란 존재와 모성의 지평이 떠올라오는 것은 바로 이 지점에서이다.

　금기웅의 시집, 『끝없는 생각들』은 흘러간, 흐르는, 흘러갈 시간들에 대한 폐허의 음영을 간직한다. 하지만 금기웅 시의 화자는 그 폐허의 음영에서 하나의 가능성을 타진한다. 실존의 온기[1]를 길어 올리고 모성적 시간의 지평으로 나아가는 가운데, 그나마 미래에의 전망으로 이어질 가능성을 선사 받는다. 이때 모성의 지평은 채움이 아니라 비움의 윤리를, 배제가 아니라 포용의 윤리를, 타인에 대한 일방적 다가섬이 아니라 기다림의 윤리를 실천하는 것에서 비롯된다. 여기, 모성의 지평이 펼쳐져 있다. 삶의 허기와 통증을 치유하는 '모성적 윤리의 시학'이 그렇게 금기웅 시의 한 편

---

[1] 조정권은 그의 첫 번째 시집 『자신 없는 것들은 걸려 있다』(문학동네, 2003)가 이루어 놓은 시세계를 '견딤의 시학'(시집 해설)이라 명명하면서, 그의 시세계가 닿아 있는 웅결의 지점을 밝힌 바 있다. 이러한 특징들은 『끝없는 생각들』의 시편들에도 녹아 있는데, 금기웅은 이 시집에서 특히 온기에 대한 믿음을 좀 더 직접적이고 강렬하게 형상화한다.

린으로 자리하고 있다.

1. 모성의 지평

  모성의 지평이 움직이고 있다. 시인은 모성적인 것에 (무)의식적으로 이끌린다. 모성의 지평이 자신을 변화시킬 수 있으리라는 믿음이 시집 전반에 걸쳐 편재해 있다. 기억의 폐허와 비극적 현실, 비전의 부재 속에서 시인은 자신이 기댈 수 있는 존재를 기다린다. 그 존재를 쉽게 규정할 수는 없다 하더라도, 그 존재는 분명 모성적이다. 모성의 지평은 일종의 넓은 품이며, 인내의 바다다. 기다리고, 보호하고, 베푸는 것의 기호는 그러므로 모성의 지평과 닮아 있다. 그것은 세상에서 받은 허기와 고통과 상처를 감싸 안는다.

    새벽 산 정상에
    오래 산 큰 나무가 웅크리고 앉아 울고 있다
    나는 그가 양 어깨에 접어두었던 긴 날개를 꺼내
    저 곤궁한 지상으로 날아 내리기 위해
    오랫동안 울음을 참고 이곳을 지켜왔으리라 생각했다
    마치 보호수처럼
    처음과 마지막이 똑같이 완전해지기 위해,
    서로 꼬리와 머리를 물고 휘감아
    얼어붙은 이 먹먹한 세상에 뿌리내리기 위해,

또 온몸 기운을 마지막까지 짜내어
길어진 팔들을 뻗어
이제 막 온기 올라오는 황토의 중심에 닿기 위해
그가 웅크리고 앉아 운다고 생각했다

누군가에게 일방적으로 다가간다는 것은
상대방의 가슴에 비수를 꽂는 일인지도 모른다

그러기에 차마 가까이
다가서지 못하는 것이리라
오 큰 나무여
휘청거리는 결심을
지탱해 줄 것 같은 그대여
추운 아침 햇살 속에 눈 크게 뜨고
우뚝 서 있는 그대여
내 마음 통째로 너에게 기댄다
이제 막 온기 올라오는 우주의 중심에 닿기 위해
　　　　　　　　　—「새벽 산 정상에」 전문

　나무가 울고 있다. 오래된 나무는 한곳에 붙박인 채 세상을 내려보며 서 있다. 얼어붙고 곤궁한 세상을 감싸 안기 위해 나무는 접어두었던 날개를 펴려 한다. 언젠가 나무는 세상에 내려와 새로운 뿌리를 내리고 새로운 땅의 기운을 발

산할 것이다. 온기로 가득한 새로운 우주의 중심이 그렇게 태어날 것이다. 시에서 나무는 모성의 기호를 발산시키는 존재다. 모성의 기호가 화자에게 어느새 다가와 있다. "누군가에게 일방적으로 다가간다는 것은/ 상대방의 가슴에 비수를 꽂는 일인지도 모른다"는 언술은, 그러므로 모성의 기호를 체득한 자의 새로운 발성이다. 수동적인 듯하지만 세상을 향한 포용의 마음을 잃지 않는 나무에게서 화자는 새로운 언어를 배운다. 타인에게 일방적으로 다가가는 것(그 의미를 정확히 일별하기는 어렵지만)이 바로 타인에 대한 폭력이 될 수 있다는 사실을 화자는 모성적 나무를 통해 배운다. 그러므로 나무의 울음은 얼어붙은 세상에 온기를 전하고, 곤궁한 지상에 생명력을 전하는 동력이라 할 수 있다. 그 나무에 자신의 마음을 통째로 기대는 행위는 그가 모성의 기호를 받아들이는 최초의 행위와도 같은 것이다.

> 너를 기다리며 줄을 돌린다
> 나비야 나비야 줄을 넘어라
> 너를 기다리며 줄은 돌아가고
> 나비는 정신없이 뛰어오르다
> 뒤로 한 바퀴 돈다
> 한낮 골목의 적막은 좀처럼 깨지지 않는다
> 너를 기다리며 줄은 돌아가고
> 너를 기다리며 돌리는 줄은 멈춰지지 않는다

저만치 갔던 시간도 다시 돌아올 것이다
돌아오지 않는 것들은 그립다
너를 기다리며 돌리는 줄은
끊임없이 돌아서 온다
눈물 나도록 그리운 것들이여
나는 지금
이 비루한 기억의 기차역
뒷골목 하꼬방에 앉아
언제까지라도 너를 기다릴 것이다
―「그리운 골목」 부분

  기다림은 모성적 기호의 대표적 속성 중 하나다. 화자는 어느새 모성의 기호를 몸으로 체득하고 있다. 기억의 저편, 비루한 삶으로 통칭되는 유년 속에 들어앉은 화자는 그리운 것들을 호명하며 또한 그것들이 되돌아오기를 기다린다. 정신없이 뛰어오르고 몸을 뒤집는 나비처럼 화자에게 지나간 세월은 위태롭게 지탱되어온 시간들이다. 그 위태롭던 시간들이 눈물 나도록 그리워질 때, 화자는 시간을 되돌리기 위해 끊임없이 줄을 돌린다. 설령 그것이 다시 되돌아오지 않을지라도. 기차역 뒷골목의 하꼬방은 지금, 화자의 그리움의 흔적으로 적막하고 쓸쓸하다.

    손에 들고 있어도 먹을 수 없는 것

마지막 길에 엄마가 쥐어준 빵

보물처럼 한 번 베어 먹으려 입에 대보다가

넘기지 못하고

미소만 남긴 채 옆으로 쓰러진 동생

보고파라,

희미하게 웃던 그 애

겨울 한복판 관통하는 자전거

남루한 포장마차의 삶

나는 오늘도 김이 모락모락 나는 빵 하나 사들고

골목 끝의 우체통처럼

우두커니 서서 울고 있다

안타까워라,

두 눈이 재가 된 어머니는 까맣게 삭아가고

거적에 둘둘 말려

모르는 사내의 지게에 실려 나갔던 그 애

―「잃어버린 빵」부분

  유년의 잃어버린 기억은 빵과 함께 온다. "김이 모락모락 나는 빵 하나를 사들고/ 골목 끝의 우체통처럼/ 우두커니 서서 울고" 있는 화자는 빵에 대한 감각을 통해 유년의 기억과 이후 삶의 기억을 이끌어낸다. 빵의 감각적 기호는 죽음의 기호와 깊게 연동되어 있다. 동생의 죽음과 어머니의 죽음이 빵의 기호 속에 담겨 있다. 또한 그것은 유년의 가난과 연맥되어 있다. 빵을 통해 화자는 동생과 어머니에 대한 그리움과 안타까움의 감정을 떠올린다. '김이 모락모락 나는 빵'이 주는 온기가 이내 '먹을 수 없는 빵'이 되어 차갑게 식어갈 때, 화자는 그 어쩔 수 없는 두 개의 빵 사이에 놓인 심연 앞에서 울고 있는지 모른다. 온기로 가득한 생명과 차갑게 식어버린 죽음, 둘 사이에 놓인 심연 사이에서 말이다. 그것은 화자에게는 잊을 수 없는, 잠시 잊었다가도 다시 떠올라오는 아픈 기억의 실체다.

> 길을 간다
> 길은 갇혀진 것들을
> 모두 보여주지 않는다
> 잃어버린 어머니를 찾고 있는 것처럼
> 눈썹 촉촉이 적서진 채 간다
> 어둠이 더 빠르게 몰려오는 이유 모른 채
> 메꿀 수 없는 허기를
> 구부정한 등에 업고서 간다
> ―「길을 간다」부분

유년의 화자뿐 아니라 성년의 화자에게 어머니는 결핍을 느낄 때마다 떠오르는 존재다. 모든 길들이 어두움만을 보여줄 때, 삶의 순간순간 '메꿀 수 없는 허기'가 찾아올 때, 화자는 '잃어버린 어머니'를 떠올리며 자신을 업고 가던 '어머니의 구부정한 등'을 떠올린다. 이와 같이 결핍의 기호는 아픈 기억과 함께 얽혀 있다. 시인은 결핍을 느낄 때마다 결핍을 채워 줄 대상을 찾아 나선다. 그리고 결핍을 보상해줄 대상을 모성적 기호들에서 발견한다. 모성의 기호들은 시집 전반에 산재해 있다. 특히 시인의 시선이 자주 머무는 어머니와 아이가 함께 있는 풍경 혹은 이미지, 비유는 이러한 기호들을 예시한다.

> 유모차에 아기 태워 밀다가
> 호안도로 보도블록에 끼어 행여 넘어지지 않을까
> 눈썹 찡그리며 가는
> 마른 아이 엄마를 바라보고 있을 때
> ─「물고기 떼처럼 바람이」부분

화자는 아이와 어머니가 함께 있는 풍경들을 자주, 강박적으로 시 안에 배치한다. 어머니에 대한 화자의 강박적 그리움이 그만큼 강력하게 작용하고 있었기 때문일 것이다. 우리는 이와 같은 장면들을 여러 작품 속에서 만나게 된다(「듬성듬성 털 빠진 야생 고양이」,「다리 심하게 절면서도」,「등대」,「대형 상가 카페 모퉁이에」,「안내 방송하는 기관사처럼」,「어미여우가 눈 푹푹 빠지는」,「가을 구름이」,「새벽 컴컴한 지하역」 등의 작품 속에서). **따뜻한 온기에 대해 다루고 있는 시편들 속에서도 우리는 모성**

의 기호들과 만나게 된다(이 부분은 3장 '봉헌되는 실존의 온기들' 참조).

2. 실패하는 기호들, 소망의 형식들

시인은 오랜 시간 부성의 시간들을 거쳐 오면서 모성의 지평에 다다르게 된다. 물론 여기에서 말하는 부성은 모성과 대비되는 측면으로서의 상징적인 부성을 의미한다. 그것은 좀 더 현실화된 시간들과 현실화된 세계의 속성을 대변한다. 금기웅 시에서 모성의 지평이 기다림과 인내, 사랑과 온기, 포용력을 기반으로 하는 데 반해, 부성의 지평은 경쟁과 배제의 원리가 지배하는 냉혹한 현실법칙을 그 기반으로 한다. 이러한 특성을 보여주는 시들은 부성의 시간들을 힘들게 거쳐온 자의 초상을 간직한다. 유년의 허기와 통증이 오래도록 지속되는 것은 바로 그 때문이다.

열차 들어선다 플랫폼 전광판 글자들 점점 색깔 바뀐다
진입 전 열차는 먼저 이마에 부착한 램프로 전방 헤쳐간다 언제나 그랬다
불붙은 것들 늘 상대를 보호하는 것처럼 먼저 끌어당기다가 결국은 제 몸 뒤쪽으로 밀쳐낸다 아무도 말릴 수 없는 힘! 임무에 온 정성을 다하는 비감한 표정
다리 꼰 채 비스듬히 서서 승객들 잠시 측은하게 바라본

다 정지한다

언제나 그랬던가
다른 것들 모두 밀쳐내고 먼저 들어오는 것들이 안도감 주던가
분명히 예상되는 뒤쪽 검은 행간들 다 덮어주지 못하면서 짙은 패배감까지 안겨주고 재빨리 사라지는 것들이
어떻게 볼 것인가
이 둘의 관계
서로간의 약속이 존재하는 범위 내에서 동의가 가능한가

어린 시절 매서운 겨울
진눈깨비 속 뚫고 붉은 안광 무섭게 쏘아대며
플랫폼 입환하는 기관차처럼 끊임없이 그를 초조하게 기다려왔다
늘 혼자 벌벌 떨며
그를 오래전부터 기다려왔다
―「열차 들어선다」 전문

화자는 기차역에서 과거의 시간들을 반추한다. 이 공간에는 여러 층의 시간들이 겹쳐 있다. 기차역은 새로운 세상을 꿈꾸던 유년과 부조리한 세태를 경험하던 성년의 시간들을 품은 공간으로 표상된다.

유년 시절의 기차가 '붉은 안광을 무섭게 쏘아대며 달려오는' 무섭고도 거대한 존재이자 바깥 세상에 대한 꿈과 소망의 매개체로 각인된다면, 성년 시절의 기차는 자신의 꿈과 소망을 이루어줄 수 있으리라는 믿음을 끌어당기는 매혹적인 존재로 각인된다. 누구도 말릴 수 없는 힘으로 거침없이 질주하던 기차는 그러므로 젊은 시절 자신의 욕망을 투영하고 있는 대상이라 할 수 있다. 누구보다도 빨리 목표에 다다르는 것. 그것은 현실이 우리에게 부과하는 임무이자 억압 같은 것이다. 시인 또한 현실이 부과한 임무를 수행하며 그것이 내리누르는 억압의 힘을 감당해야 했을 것이다.

현실의 논리대로 임무를 완수했을 때, 안도감은 찾아오는 것이지만 동시에 그것은 그 속에 이미 부정의 코드를 간직한다. 현실원칙에 따라 그 임무를 완수하는 한에서만 현실은 그 존재를 기억한다. 그렇지 못할 경우, 존재는 곧 잊혀진다. 세상은 냉혹하게도, 떠나가는 기차처럼 뒤쳐진 자들에게 패배감을 안겨주고 멀어져간다. 그러므로 기차역이란 이중적인 공간이다. 꿈과 소망을 매개하는 공간이면서 냉혹한 현실의 원리를 가르치던 공간인 셈이다. 어느새 자기도 모르게 세태를 체득하고 그것에 순응해왔던 순간들을 화자는 그렇게 반추한다.

　　비가 양쪽 골짜기 가득 쌓인 온갖 날것들을
　　절벽 아래로 씻어내고 있다

한때의 장면들이 폭포줄기 속에서 영화필름처럼
스르륵스르륵 돌아가고 있다
울컥 쏟아지는 기억들로 얼굴 뒤범벅으로 적시며
그를 친구라고 한번 불러보고 싶었다
언제나 정면 똑바로 쳐다보며
옹골차게 살아가고 싶었던 적이 아주 많았다

그러나 늘 같은 자세로만 꼿꼿이 살아갈 수는 없었다
그렇게 살아보려 발버둥 쳐도
앞만 보며 반듯이 걸어가고 싶어도
세상은 비굴과 만나게 해 주었다
저 앞 도도히 떨어져 내리는 폭포를 바라보며 그는
아직도 정면 똑바로 보며 서 있다
그 모습 한번 닮고 싶어
가만히 옆자리로 다가가 보았다

아무 움직임 없이 그는 제자리에 서 있었다
나도 꼿꼿이 앞만 바라보는 자세로 서 있는 모습인지
그에게 한번 물어보고 싶었다
아니 그렇게 보아주길 원했다고 솔직하게 말해야 옳은지
그에게 한번 물어보고 싶었다
변명처럼 생이 절벽 아래쪽으로
비명소리 내지르며 길게 뛰어내리는

> 허연 머리통들이 공중 둥둥 떠다니는 그곳에서
> 그에게 한번 솔직히 물어보고 싶었다
> ─「비가 양쪽 골짜기 가득」 전문

자신의 신념대로 살려고 노력해왔지만, 세상은 언제나 비굴을 강요했다고 화자는 말한다. 정면을 바라보며 늘 같은 자세로 서 있는 폭포 앞에서 그는 자꾸만 묻고 싶어진다. 진정 자신도 그와 같은지. 신념대로 살아왔다는 화자의 자부심은 폭포 앞에서 이내 무너진다. 화자는 폭포를 바라보는 자이면서 바라봄을 당하는 자이다. 바깥의 윤리적 대상에 의해 시인 자신이 '바라봄(응시)'[2]의 대상이 되고 있다는 사실은 윤리의 기율이 바깥에 의해 형성되기 시작했음을 의미한다. 폭포의 모습에 자신의 살아온 내력을 되비춰볼 때, 부끄러움의 감정은 어느새 화자의 마음속에 자리한다.

> 떠밀려 흘러가듯 여기까지 걸어왔다
> 가다가 벽과 마주치면
> 되돌아가라는 신호로 알고 뒤돌아 걸어갔다
> 늘 기적 같은 소리가 기일게 귓가에 맴돌았다
> 앞만 보고 가라는 비명 같은 소리만 크게 들려왔고

---

[2] 이성혁이 금기웅의 첫 시집에 대해 '응시의 시학'(『애지』, 2006, 봄호)으로 명명할 때, 분명 이 지점은 『끝없는 생각들』이 지향하는 시학의 한 방향이라 할 수 있다.

다른 소리는 들려오지도 않아 걸어갔다
언제나 타협하자고
그만 쉬어가자고 하는 소리가 등 뒤에 들려왔지만
억지로 그들을 만나지 않았다
누군가가 강제로 브레이크를 밟아주지 않는 한 똑바로 걸어갔다

그러나 그 모습 관찰한 예리한 눈에는
똑바로 걸어가지 않는 것으로 보였을 것이다
길가에 놓인 무수한 물웅덩이와 장애물을 지날 때도
분명히 비틀거리며 가는 것으로 보였을 것이다
술 취한 사람처럼 흔들며 걸어가는 것으로 보였을 것이다
―「후두둑 비가」 부분

「후두둑 비가」에서도 화자는 바깥 대상에 의해 응시의 대상이 된다. 이러한 응시를 느끼는 순간 화자는 자신의 삶을 되돌아볼 기회를 얻게 된다. 부조리한 세상과 타협하지 않으려 나름의 윤리적 기율을 가지고 살아왔다고 자부하지만, 과연 그것이 진정으로 부끄러움이 없는 행위들로 점철된 삶이었을까를 화자는 아프게 반성하는 것이다. 어쩌면 시인은 스스로에게 철저한 윤리의식의 실천을 요구하고 있었던 것은 아닌가 생각해볼 수 있다. 그것은 시인의 내면 저편에 자리한 염결성에 대한 희구와 무관하지 않다.

"나이 들어서도 주변 의식하지 않고/ 늘 꼿꼿이 걷는 사람을 닮고 싶다"(「늘 남들과 다른 쪽으로」)고 말하는 것에서 바로 그러한 염결성의 일단을 읽어낼 수 있다. 「해바라기와 낫 독과」에서 시인은 신념대로 살아내지 못한 것에 대한 처벌을 기꺼이 받을 준비가 되어 있다고 말한다. 이 또한 염결성에 대한 또 다른 자기표현일 것이다. 이 시에는 신념대로 살아내지 못한 것에 대한 화자의 회한과 그에 대한 처벌을 기다리는 자의 내면이 오롯이 표현되어 있다.

현실의 시간들은 화자로 하여금 때로 굴종을 강요하거나, 때로 불안과 긴장을 야기하는 요인이다. 부정적 현실을 건너가면서 화자는 부단히 자신만의 윤리적 기율을 지키고자 한다. 하지만 그것이 과연 진정한 것이었는가를 되물을 때, 자기 의심이 고개를 든다. 시인은 자신의 윤리적 기율이 현실적 문제들과 부딪히던 시절로 돌아가 묻는다. 그 물음은 일종의 살아온 내력에 대한 성찰과도 같다. 이 물음의 지점에서 타자(사물이거나 타인이거나 보이지 않는 존재로서의 타자)의 시선은 중요한 자기 성찰의 계기로 작용한다. 바깥의 잣대로 자신을 응시하고 되비추면서 시인은 자신을 되돌아볼 수 있는 눈을 갖게 되는 것이다.

3. 봉헌되는 실존의 온기들

기억의 폐허와 부정적 현실을 넘어, 새로운 가능성을 찾아나가는 과정에서 시인은 따스한 생명력의 전이를 경험한다. 자신의 온기를 봉헌하는 사람들이 그의 시선과 그의 존재 전부를 사로잡는다. 그들은 역설적이게도 많이 소유하거나 강한 자가 아니라 부족하거나 약한 자들로 표상된다. 실존의 자리에서 힘겹게 삶을 꾸려가는 사람들로부터 화자는 새로운 가능성을 발견한다. 그들은 비움과 베풂을 실천하는 가난한 구도자의 모습을 지니고 있다.

>처음에는 어린 아이인 줄 알았다
>큰 머리에 채양 긴 야구 모자
>난쟁이 중년 남자가
>한 손에 컵을 들고 아래쪽에서 조심스럽게 올라왔다
>축대 밑에 주저앉은 노숙자에게
>무엇인가 두 손으로 공손하게 건네주고 있었다
>
>눈 가늘게 뜬 야구모자는 근심어린 표정으로
>누더기 사내에게 뜨거운 양식을 바치고 있었던 것이다
>추운바람이 꼬리에 검은 비닐봉지 몇 개 매달고
>이리저리 끌고 다니는 축대 아래서
>제사 모시듯 그는 한 잔의 뜨거운 차를 바치고 있던 것이다
>
>김은 세 방향으로 빠져나왔다
>병든 노숙자와

>   어린아이 키만 한 사내
>   그리고 뜨건 잔에서도 조금씩 흘러나와 서로 뒤섞이며
>   얼어붙은 그곳을 잠시 녹여주고 있었다
>   ─「처음에는 어린 아이」 부분

 겨울 어느 날, 화자는 중년의 난쟁이가 병든 노숙자에게 뜨거운 차 한 잔을 바치는 장면을 목도하게 되는데, 이 장면에서 화자는 따스한 생명의 온기를 느끼게 된다. 힘겨운 삶을 영위하면서도 따스한 온기를 봉헌하는 모습 속에서 화자는 새로운 실존의 한 자락과 마주하게 된다. 그것은 또한 모성의 지평과 닮아 있다. 「낡은 벙거지 눈썹 아래」에서 커피를 행인들에게 나누어주는 노인 또한 마찬가지의 존재다. 그를 통해 화자는 뜨거운 황홀을 느낀다. "충혈된 눈으로 종일 그래프를 들여다보"는 삶에서는 발견할 수 없었고 알 수도 없었던, 생의 비의를 실존의 온기 속에서 보게 되었던 것이다.

>   그의 희망이었던가
>   어둔 지하에서 오래 꿈꾸던 세상
>   오늘 덮여 있던 덮개를 박차고 기어올라
>   고목 끝에 붙어 저렇게 울고 있다
>   자기가 꿈꾸던 세계는 아니라고

> 더 걸어야 한다
> 지치고 탈진해 쓰러지더라도 더 걸어야 한다
> ―「바로 눈앞에서」 부분

화자가 꿈꾸던 세계는 현실 속에서는 찾을 수 없는 것이었다. 부정적 현실 속에서 꿈과 희망의 실현은 소원하다. 그럼에도 불구하고 꿈과 희망을 놓지 않는 일, 삶의 고투를 견디어 내는 일, 그것이 바로 실존적 존재에게 부여된 소명일 것이다. 화자는 "지치고 탈진해 쓰러지더라도" 계속해서 걸어갈 것이라 다짐한다. 그것만이 실존의 소중한 가치를 지킬 수 있는 것이기에.

> 내가 어떤 것을 골똘히 생각하다가
> 해답을 찾지 못하고 이곳까지 왔으나
> 찾은 것은 낡고 헤진 배낭에 아무것도 채우지 않은
> 삶의 무게가 가벼워 보이는
> 큰 새의 쓸쓸한 이동궤적을 본 것이었다
> ―「새」 부분

기다림의 행위가 잃어버린 것들을 위해 바쳐진다면, 떠남의 행위는 새로운 미래를 위해 바쳐진다. 부정적 현실 속에서는 찾을 수 없던 것들을 그는 떠난 길 위에서 만난다. 그것은 구도의 길과도 같다. 미래적 시간으로 옮아갈 수 있는 새로운 동력은 그 과정에서 찾아진다. 그 떠남의 자리에서 화자는 가난한 구도자의 모습을 본다. 삶의 비의에 대한 해답을 찾아나서는 과정 속에서 그가 발견한 것은 욕망과 욕심을 비우는 것이다. 비움을 통해 새는 날아오를 수 있는 것이다. 삶의 허기를 채우기 위한 고투가 지금까지의 삶의 모습이었다면, 이제 화자는 그 채움의 행위를 비움의 행위로 전환하려 한다. "낡고 헤진 배낭에 아무것도 채우지" 않는 것, 그것이 이제부터 해야 할 실존의 자기 소명인 셈이다.

비움은 자신의 것을 타인에게 나누어주는 것으로부터 시작된다. 상처를 보듬고 상처 입은 자와 미래의 시간 속으로 함께 나아가는 일, 그것은 부정적 현실에 대한 상징으로서의 부성의 시간들에 저항하고 그것을 넘어 새로운 모성의 지평으로 나아가는 일과 다르지 않다. 허기와 결핍은 채움 속에서 해소되는 것이 아니라 오히려 비움과 베풂의 실천 속에서 해소될 수 있다는 역설적 인식이 이러한 모성의 지평에 대한 인식을 통해 얻어진다. 우리는 모성의 지평이 다음 세대에게 옮겨가는 장면을 다음 시에서 만날 수 있다.

> 다리 심하게 절면서도
> 낡은 휠체어에 어머니를 태우고 다리를 건너가고 있다
> 소녀의 마른 몸이
> 한쪽으로 심하게 기울어진 채 휠체어를 밀고가면
> 두 다리는 규칙적으로 기우뚱거리고

앉은 어머니의 다리도 그쪽 따라 이리저리 흔들리었다
내가 시골가게에서 라면을 사서
다시 다리를 건너올 때까지
그들이 이동한 거리는
가로수 서너 그루 거리쯤 지났을 뿐
겨울바람에 거꾸로 밀려가는 강물의 속도처럼
아마 어린 아이들 발걸음도 그들을 따라잡았을 것이리라

나루터가 눈보라처럼 흩뿌려지는
작은 나뭇잎들에 몸 맡긴 채 정박해 있을 때
아무도 슬퍼해줄 이 없을 것 같은 모녀가
눈보라 속에 서로 부둥켜안은 채 시간을 건너가고 있다
저 앞쪽에 작은 시골 교회가 보이고
목사관 난로 위에 낡은 주전자가 끓고 있으리라
멀리 다리 저는 누런 개
폭설 내리는 이쪽을 향해
털 빠진 꼬리로 온몸을 흔들며 오고 있다
―「다리 심하게 절면서도」 전문

  다리를 심하게 저는 소녀와 휠체어를 탄 어머니가 현실의 시간을 힘겹게 건너고 있다. 눈보라 속에서 서로 부둥켜안은 채. 흔들리고 기우뚱거리는 그들의 시간은 화자의 시간에 비해 느리게 흘러간다. 세상의 속도와 비교해 그들의 이동 속도는 현저히 느리다. 그 느린 시간 속에서 화자는 실존의 고투와 만난다. 그들은 슬픔과 상처에도 불구하고 실존의 시간을 견뎌내며 현재의 시간을 건너간다. 미래에도 그 시간은 그렇게 느리게 흘러갈 것이다.

 불구의 소녀가 어머니를 보살피고 있다. 언젠가 어머니가 소녀를 보살피던 시간도 있었을 것이다. 이제는 소녀가 어머니를 보살피고 있다. 모성의 지평은 그렇게 어머니에게서 소녀에게로 옮아간다. 상처는 언제든 있었고, 언제나 있을 것이다. 하지만 그럼에도 불구하고 실존의 시간은 목사관의 난로 위에서 끓고 있는 주전자의 물처럼 열렬하다. 따스한 온기가 생명에서 생명으로 이어지며 여전히 꿈틀대고 있는 것이다. 그렇게 미래의 시간 속으로 소녀와 어머니의 온기가 옮아가고 있다. 상처 입은 개가 이쪽을 향해 오듯이, 미래의 시간이 온몸을 흔들며 여기 이곳의 화자를 향해 걸어오고 있다.

| 금기웅 |
충북 옥천 출생
2001년 『현대시학』으로 등단
시집으로 『자신 없는 것들은 걸려 있다』(문학동네)

이메일 : ggwpoem@naver.com

끝없는 생각들 ⓒ 금기웅 2015

초판 발행 · 2015년 1월 20일
초판2쇄 발행 · 2015년 12월 10일

지은이 · 금기웅
펴낸이 · 이선희
펴낸곳 · 한국문연

서울 서대문구 증가로 31길 39, 202호
출판등록 1988년 3월 3일 제3-188호
대표전화 302-2717 | 팩스 · 6442-6053
디지털 현대시 www.koreapoem.co.kr
이메일 koreapoem@hanmail.net

ISBN 978-89-6104-147-8 03810

값 9,000원

* 잘못된 책은 바꾸어 드립니다.

이 도서의 국립중앙도서관 출판시도서목록(CIP)은 서지정보유통지원시스템 홈페이지(http://seoji.nl.go.kr) 와 국가자료공동목록시스템(http://www.nl.go.kr/kolisnet)에서 이용하실 수 있습니다.(CIP제어번호: CIP2014038498)